EN KRIGER FOR KRISTUS

Den virkelige åndelige krigføring

Tom Arild Fjeld

Copyright © 2017 by

Forfatter Tom Arild Fjeld

Adlyd Kristi befaling. Forkynn/proklamer evangeliet om Jesus Kristus, Gud Jehovas Sønn - til alle unådde folkeslag verden over. DA vil du lære hva åndelig krigføring er - aldri ellers.

Bibelsteder er hentet fra Norsk Bibeloversettelse av 1930, King James Version og New American Standard.

Forkynneren og verdensevangelisten

Tom Arild Fjeld har reist over hele verden og forkynt evangeliet siden han var en ung mann på 21 år. Han hadde hverken tenkt å bli en kristen eller å bli forkynner. Men Gud hadde andre planer. Han har reist i 58 nasjoner og har hatt på sitt hjerte å gå inn der andre ikke har vært før ham. I møtene har det vært samlet alt i fra 100 til 100 000 mennesker.

Utfrielse fra demoner, helbredelse og frelse har vært hans bannere. Ved siden av det har han også en lærertjeneste som han også benytter over alt hvor han kommer. Det profetiske i hans liv gir seg til kjenne gjennom hans type budskaper og bøker.

Tom Arild er en typisk" proklamatør", en "herold" i sin proklamasjon av evangeliet, som evangelist. Som lærer skinner tydelig hans åpenbaring i Skriften igjennom. Han underviser og lærer mennesker på en praktisk måte, som bærer et kall i sitt hjerte, hvordan de skal gripe og komme inn i de forskjellige nødvendige åndelige områder i tjenesten.

Hans bøker og taler er for den tiden vi lever. Som han selv sier: "Uten åpenbaring i Skriften er vi utdaterte som forkynnere." Tom Arild Fjeld er nå 62 år, men opplever å være i en ny sterk start i tjenesten for Herren. Jeg vil anbefale på det varmeste å lese alle hans bøker og få et godt inntrykk av denne mannens liv og tjeneste for Gud.

Evangelist Rune Larsen

Forord

Denne boken er et vitnesbyrd om min tjeneste for Herren, siden ungdomstiden, verden over. Jeg har sett i den vestlige verden, at mye underlig har åpenbart seg i kristne kretser. Mye destruktivt har skjedd, ved misbruk av Kristi navn.

Omvendelse

Blir det ikke en virkelig **omvendelse til** Kristus, **fra** vårt kjødelige, sanselig dominerte og styrte liv, henger mulighetene for å komme inn i det virkelige Kristus-livet, med alle dets utfordringer og seiere - i en tynn tråd.

Jesus sa: Gå ut i all verden!

Dette er en befaling fra Kristus til alle troende. Den er umulig å misforstå. Det er kun en måte man kan misforstå denne befalingen på: Det er **ved ulydighet** mot Guds Ord. Ved å adlyde og leve ut denne enkle befalingen, ville alle Guds Ords øvrige befalinger og rettledninger bli lette å forstå og adlyde. Adlyder man ikke den første befaling, blir alt annet vanskelig. Det ser vi klare resultater av i dag. Kristendom er ikke et selvrettferdiggjørelsens evangelium, ei heller et teater.

Kristus frelste deg - vil du akseptere det?

Bevis det ved å **adlyde** Hans befalinger og rettledninger. Gjør du det, enten ved å gå selv til hele verden med budskapet, eller bruk så mye du kan av pengene dine til å støtte dem som gjør det. (Rom 10,13-17) Dette er Kristi befaling. Vil du adlyde Ham?

Adlyd - og du vil forstå
Ved å **adlyde** Kristi befaling, vil automatisk brikkene i **evangeliets virkelighet** falle på plass for deg. Den **eneste** åndelige krigføringen, som varer så lenge du lever, er **inne i deg selv:** Kampen mot ditt eget kjøtt. Denne krigføringen vil lære deg hva all åndelig krigføring går ut på. Du har aldri mer å gi andre, enn det du har fått på plass i ditt eget liv. Da vil du forstå den virkelige, åndelige krigføringen.

Misjonsbefalingen (Mark 16,15)
Å bygge den åndelige, sterke basen med Guds Ånd i din ånd, er første steg. Det tas parallelt med at du **adlyder** misjonsbefalingen. Her finnes ingen unnskyldning, hvis du ønsker å ha Jesus som Herre i ditt liv.

Min anbefaling er: Skritt ut i tro - bli en kriger for Kristus.
Det er hva denne boken handler om. Lykke til i lesningen av den. Bli "en kriger for Kristus".

Forfatter
Tom Arild Fjeld

INNHOLD

Hvordan forkynne og proklamere evangeliet?....................1
Evangeliet er kraft....................9
Den troendes tjeneste....................15
Det kristne budskap - dårskapens budskap....................21
Tjeneste blant virkelige demoner....................25
Dette er den virkelige åndelige kampen....................29
Tro - en intelligent krigføring....................35
Hva vår kamp består i....................39
Vitnesbyrd fra verden rundt....................45
Bundet - og hvordan bli fri....................49
Syk - hvordan bli fri?....................57
Den skjulte verden....................67
Be, så skal dere gis!....................71
Troens aggressivitet....................75
Det er seier - uansett....................79
Til Afrika med koffert på hodet....................83
Sudan-underet....................91
Plogspiss-tjeneste....................99
Han har satt foran meg en åpen dør, ingen kan lukke den til (Åp 3,8)....................107
Ilddåpen i tjenesten....................113
Vidunderlige Zanzibar (Mer om åndskampen)....................117
Åndskampens seire har ingen ende....................121

Over hele verden med evangeliet, og medfølgende tegn og under 129
Enda flere vitnesbyrd fra verden rundt: 137
Refleksjon 149

Kapittel 1

Hvordan forkynne og proklamere evangeliet?

La oss ta disse grunnleggende ting først:

**1
Guds samarbeidspartnere**

Adam og Eva. "Og Herren Gud formet mennesket av jordens substans, (noen kaller det jord, andre mold, i engelske Bibelutgaver står det støv) og blåste livets ånde i hans nese. Og mennesket ble til en levende sjel." (1Mos 2,7)

"Og Gud lot en dyp søvn falle over Adam, mennesket. Og mens han sov, tok han et av hans ribbein og fylte igjen med kjøtt... Og Gud Herren bygget av det ribben han hadde tatt av mennesket, en kvinne og ledet henne til mennesket." (1Mos 2, 21-22)

2
Guds skapning

"Og Gud så på alt det Han hadde gjort, se, det var såre godt." (1 Mos 1,31)

"Og Gud Herren lot trær av alle slag vokse opp av jorden, prektige å se til og gode å ete. Og midt i hagen livsens tre og treet til kunnskap om godt og ondt." (1 Mos 2, 9)

3
Satans villfarelse, illusjon, forblindelse. Den dødelige fiende og Guds plan i Kristus

"Jesus sa: Tyven, Satan, kommer bare for å stjele, myrde og ødelegge. Jeg har kommet for at dere skal ha liv, og liv i overflod." (Joh 10,10)

"Den som gjør synd, er av djevelen; for djevelen synder fra begynnelsen. Dertil er Guds Sønn åpenbart, at Han skal gjøre ende på djevelens gjerninger." (1 Joh 3,8)

4
En tragedie skjedde mellom Gud og mennesket

"Slangen sa til kvinnen: Har Gud virkelig sagt: Dere skal ikke spise av noe tre i hagen?" For Gud vet at på den dag dere spiser av treet til kunnskap om godt og ondt, skal deres øyne åpnes, og dere skal bli likesom Gud og kjenne godt og ondt." (1 Mos 3, 1-5)

" Og kvinnen så at treet var godt å ete av, og at det var en lyst for øynene - og at det var et prektig tre, siden man kunne få forstand av det. Og hun tok av frukten og åt; og hun ga sin mann med seg, og han åt." (1 Mos 3, 6)

Synden inn i verden for aller første gang
De var begge ulydige mot Herren Gud, og brakte fruktene av ulydigheten inn i verden for aller første gang - synden, ulydigheten mot Gud hadde gjort sin inntreden. **Gud som er hellig,** rettferdig, ulastelig og uten synd, Han kan **ikke tolerere synd rundt Seg selv.** Hans verden er perfekt - helt uten synd. Der ønsket Han mennesket skulle leve, i kjærlighetens felleskap med Ham

" Så viste Gud Herren ham ut av Edens hage, og satte ham til å dyrke jorden, som han var tatt av. Og Han drev mennesket ut, og foran Edens hage satte Han kjerubene med det luende sverd som vendte seg hit og dit, for å vokte veien til livsens tre." (1Mos 3,23-24)

Tragedien hadde skjedd - mennesket hadde vært ulydig mot Gud
Nå begynte Gud Herren øyeblikkelig å se etter en løsning, noe som kunne gjenopprette det som

hadde skjedd. Noe som kunne gjenopprette den synden som hadde blitt gjort, ulydigheten mot Skaperen selv. Slik at mennesket igjen kunne komme tilbake i fellesskapet med sin Gud. Men Gud fant ingen i hele verden. Det var bare en mulighet, det var at Gud Herren var villig til å gi Sitt eget liv som løsepenge for syndens tragedie, brakt inn i verden av Adam og Eva.

Gud ble menneske for din skyld
Gud sendte så den andre Adam: Et syndfritt menneske i ånd og sjel, i hvis legeme Han selv skulle være og bo på jorden. Gud selv i et menneskes legeme (Jesus), måtte kjenne syndens angrep gang etter gang i 33,5 år, men uten å gjøre en eneste synd. Deretter tok Han verdens synd på Seg, betalte prisen for synden med Sitt eget hellige blod, uberørt av synden.

"For så har Gud elsket verden at Han **ga** Sin egen Sønn, den enbårne, for at hver den som tror på Ham, ikke skal fortapes, men ha evig liv." (Joh 3,16)

(Les alle vers fra 1 Mos 2,7 og 1 Mos 3)

5
Han ga Sitt liv - for deg
Jesus Kristus kom for å åpenbare Gud Jehova for oss

(Les Joh 5,30   6,38   14,8-9)

Gud Jehova kom i Jesu skikkelse, for å vise oss det livet Han ønsket vi skulle ha og leve. **Han kom for å gi oss livet** og vise oss hvordan vi skulle leve livet. Han kom for å sette oss fri fra syndens årsak, slik at helse til ånd, sjel og kropp, fremgang og suksess skulle bli vårt igjen - som det opprinnelig var før Adam og Evas ulydighet i Edens hage. Gud Herren vil igjen leve med oss, dele alt godt med oss, fylle oss med energi og virkelig liv.

Åndelig og psykisk: Gud vil vi skal ha fred, tro, håp, kjærlighet, kreativitet og overflod av alt som godt er.

Fysisk: Det er Guds vilje at vi skal være friske mentalt og fysisk, fulle av energi og fysisk styrke.

Materielt: Det er Guds vilje at vi skal ha alt det vi trenger for å leve et bra liv.
(Les Joh 14,23 - 2 Kor. 6,18)

Det er fullbrakt. "Deretter, da Jesus visste at alt var fullbrakt - at alt som måtte gjøres var gjort, for at Skriften skulle oppfylles - sier Han: Jeg tørster. Der sto et kar fullt av eddik; de satte da en svamp full av eddik på en isop-stilk og holdt den opp til munnen Hans. Da nå Jesus hadde fått eddiken, sa Han: Det er fullbrakt. Og Han bøyde Sitt hode og oppga Sin ånd." (Joh 19, 28-30)

6
Vår frelse

"For alle de som tok imot Ham, Jesus, ga Han rett til/kraft til å bli Guds barn, dem som tror på Hans navn." (Joh 1,12)

Men vi må ta imot Jesus på den måten Bibelen sier. Her kommer gjøremåten Bibelen forteller oss:

"Hvis du med **din munn bekjenner** Jesus som Herre, og **i ditt hjerte tror** at Gud oppvakte Ham ifra de døde, **da** skal du bli frelst."
(Rom 10, 9)

Troens bekjennelse:

1 Du må la Jesus bli **Herre**, lederen av ditt liv, fullstendig.

2 Du må **tro** i ditt hjerte, uten en skygge av tvil, med full overbevisning at Gud Jehova oppreiste Jesus Kristus ifra de døde.

Dette er **"må-tingene"** du må oppfylle, hvis du vil bli frelst. Gjør du det, er du på vei til et fantastisk liv, et liv med overflod på alle livets områder

Kapittel 2

Evangeliet er kraft

Paulus sa: "**Kristi evangelium**, er en **Guds kraft** til frelse for hver den som tror." (Rom 1,16)

Jeg ber aldri for mennesker en og en når jeg ber for dem på møtekampanjer. Jeg ganske enkelt sår Guds Ords sæd når jeg taler/proklamerer. En enkel bønn blir bedt, men miraklet har allerede skjedd i deres liv. Jeg kan se troen vokser i tilhørerne under forkynnelsen. Mennesker **hører** budskapet, **tror det** og **tar imot**. Den gode sæden blir plantet i deres liv. Når de mottar sæden, mottar Kristus som Herre, blir deres liv **forvandlet**. Mengder av mennesker blir også helbredet fra fysiske lidelser og defekter.

Såkornet, det åpenbarte skrevne Guds Ord, det skaper høsten i menneskers liv. Det er

enkelt å proklamere Guds Ord - hvis du tror det. Da er høsten i gang. Slik er det.

Der Ordet blir trodd - faller Satans festningsverker

Bønnesvar kommer alltid ovenfra
Hva er bønn og tilbedelse?
Det er å trekke liv fra Guds nærhet. Det er å kommunisere med vår Far. Det er å få våre planer og Guds planer til å arbeide i harmoni. Det er å tenke hva Hans Ord, Bibelen, sier om våre ideer - og omforme vår forståelse av ting, til å bli lik Hans forståelse av ting. Vi underlegger alt vårt eget, Hans Ord. Om meningene våre ikke harmonerer med Bibelen, er det Hans Ord som gjelder. Det er å plassere vårt åndelige liv og vår personlighet/sjel under Den Hellige Ånd og Guds Ords autoritet.

Å kjempe troens gode strid - er å be på Guds måte
Vi går inn i Satans arena fysisk og åndelig, samtidig med **kunnskapen om hvem vi er i Kristus**. Vi går imot hver villfarelse og taktikk Satan forsøker å beseire oss med. Det gjør vi **i aktiv tro på Jesu Kristi fullbrakte verk på Golgata**. Her er det snakk om å praktisk/fysisk utøve seieren der seieren behøves. Ikke i et

bortgjemt bønnerom med masse tungetale - men **der ute hvor behovene er.**
Vi tar og beseirer fysisk og åndelig, alt som vil bryte ned og gå imot sannheten, angående vår fullkomne frelse. Satan og demonene har kun en måte å vinne på: Det er hvis vi aksepterer det Satan uttaler, og som demonene forsøker å holde fast på. Dette er eneste måte å kjempe troens gode strid på. Enten vi forkynner evangeliet om Jesus Kristus til en enkelt person - eller en stor folkemengde.
Kampen foregår i sjelen og Ånden, i Guds Ånd, der og da. Seirene vinnes i sjelen og Ånden der og da.

"Vi kjemper mot makter, mot myndigheter, mot ondskapens åndehærer i himmelrommet."
(Ef 6,12)

Hvert sted evangeliet blir trodd, blir Satans festningsverk revet ned i mennesker.

"Han er Den som har fridd oss ut av mørkets makt ... og satt oss over i Sin elskede Sønns rike. I Ham har vi har forløsningen ved Hans blod, syndenes forlatelse." (Kol 1,13-14)

Jesus Kristus ga oss seieren

"Men Gud være takk, som gir oss seier ved vår Herre Jesus Kristus!" (1 Kor 15,57)

"For alt det som er født av Gud, overvinner verden, og **dette er den seier** som har overvunnet verden – **vår tro.**" (1 Joh 5,4)

Over alt hvor vi overbeviser med evangeliet - vinner Kristus seieren gjennom oss.

"Da vi altså kjenner frykten for Herren, søker vi å vinne mennesker, men for Gud er vi åpenbare; jeg håper også å være åpenbar for deres samvittigheter.." (2 Kor 5,11)

"Taler jeg nå mennesker til vilje, eller Gud? Eller søker jeg å tekkes mennesker? Søkte jeg ennå å tekkes mennesker, da var jeg ikke Kristi tjener." (Gal 1,10)

Virkelig åndelig krigføring

Herren har utrustet oss med det som er nødvendig for en "fullkommen seier". Vi tar Herrens budskap til de unådde, og setter Satans slaver fri. Dette er vårt" mandat" som etterfølgere av Jesus Kristus.

"Herrens Ånd er over Meg, fordi Han salvet Meg til å forkynne evangeliet for fattige; Han har utsendt Meg for å forkynne fanger at de skal få frihet, og blinde at de skal få syn, for å sette fanger i frihet." (Luk 4,18)

Dette er hver eneste kristens misjon og kall. Hver enkelt kristens kall er å bevise blant alle dem som er fanget i tidens mørke. Vi må forsøke å få deres oppmerksomhet, slik at vi kan få fortalt dem de gode nyhetene om Jesus Kristus, Guds levende Sønn.

"Fanger er satt fri fra mørkets makter, og ført inn i Guds rike av Hans Sønns kjærlighet."
(Kol 1,13)

Når de hører de gode nyheter, kan de tro det - og bli utfridd og satt over i den elskede Guds Sønns rike. Eller de kan velge å ikke bli det. Det er her de kristne må kjempe troens gode strid. Og det er i denne kampen vi må være ikledd Guds fulle rustning. **Tro Guds Ord - ikke Satans løgner!**

Kapittel 3

Den troendes tjeneste

Hver person som tror evangeliet om Jesus Kristus, er utvalgt til å være et vitne, en bevisprodusent med evangeliet, på alle mulige måter innfor de unådde.

Tro - å identifisere seg selv med Kristus
Vår frelses konge ... (Heb 2,10)
Kristus avvæpnet maktene og myndighetene (Kol 2,15)
Jeg er korsfestet med Kristus (Gal 2, 20)
Forenet med Kristus i Hans ... (Rom 6,5)

Identifisering i frelsen
Vi er korsfestet med Kristus (Gal 2,29)
Vi døde med Ham (Rom 6,8)
Vi er rettferdiggjort med Ham (Rom 3,24 5,1)
Vi er gjort levende med Ham (1 Kor 15,22)
Vi seiret over Satan med Ham (Rom 6,6-8)
Vi er oppreist med Ham (Ef 2,5.6)

Vi lever med Ham (2 Kor 13,4 Gal 2,20)
Han er i oss, vi er i Ham (Joh 17,21.23)

Tro - akseptere Kristi seier

Jesu Kristi vitne (Apg 20, 20)
De var vitner i fiendens territorium, omringet med trusler om å bli satt i fengsel, torturert, pisket og drept. Allikevel sto de frem som Kristi vitner. Deres krig var ikke mot demoner på innsiden av det kristne felleskap. Krigen var **utenfor** fellesskapet. Det var i fiendens leir, fienden som så på de kristne som en fiendtlig gruppe, startet opp av en villmann i Nazareth.

Tro i fiendens verden

"For dere var tidligere i mørket, men nå er dere lys i Herren; vandre som lysets barn." (Ef 5,8)

Vi skal ikke kjempe mot en som er beseiret på vår arena. På vår arena er Kristus Herre! Vi er frie! Vi kjemper mot Satan på hans arena, hvor han styrer menneskers liv og tanker.

Vi kjemper for å gjøre de gode nyheter kjent blant Satans slaver.
De troendes tjeneste er å gjøre kjent (vitne) evangeliets seier til hele verden. Gjøre kjent Kristi død, oppstandelsen og livet. Gjøre kjent betydningen av hva som skjedde på korset. De

første kristne gjorde dette - imot alle odds. (Apg 1,8 5,32) **Deres vitnesbyrd virket.**

Forberedelsen jeg gjør før hvert korstog

1 Mitt liv må alltid være i rett posisjon. Det er nødvendig for å kunne gå ut i kampen. (Les boken min som tar opp dette emnet: "Dressa opp for seier").

2 Jeg er klar for oppgaven, alt er planlagt og tilrettelagt. Jeg er nå på stedet og har kjempet gjennom til seier så langt.

3 Jeg har mitt personlige forhold til Herren og kommunikasjonen med himmelen åpen hele tiden, døgnet rundt. Jeg kommuniserer med Ham kontinuerlig. Uansett hva jeg gjør, er linjen åpen til Herren.

4 Første korstogs-dag: Jeg tar dagen helt som vanlig. Jeg kjenner seieren, og jeg kjenner hva som beveger seg i det åndelige. Er ikke de åndelige forberedelsene allerede gjort, er jeg for sent ute nå. Er de gjort, er jeg herre i situasjonen. Budskapet for kvelden er klart, jeg vet hva jeg skal tale om. Jeg kommer i god tid til møteområdet, og er litt for meg selv og tar de siste samtaler med Herren før jeg «går på».

5 Så binder jeg i Jesu navn alle undertrykkende, bindende og besettende demoner. Jeg binder enhver demon med sykdoms-personligheter og kraft i seg, enhver opprørs-ånd og enhver annen ånd som er til stede i møtet. Jeg binder enhver representant for det okkulte.

6 Så er jeg klar, hvis ikke det kommer noe spesielt åndelig inn. (Det kan skje, og da trengs litt mer tid før jeg starter).

7 Tiden er inne for å gå ut på plattformen. Nå vet jeg at **seieren** er gjennom meg og foran meg, når jeg **begynner å proklamere det skrevne Guds Ord**. Hvert ord jeg proklamerer, er Guds stemme personlig til tilhørerne. Alle tilstedeværende sykdomsmakter og demoner av annen karakter, har jeg allerede bundet. De er alle låst fast i møtet.

8 Ofte tar Herren tak i hele møtet før jeg i det hele tatt får begynt å tale. Noen ganger får jeg ikke prekt. Herren styrer hele møtet, mirakler skjer og demoner kommer ut.

9 Når møtene er slik at jeg får talt, gjør jeg alltid det jeg kjenner skje inne i meg hele tiden. Jeg får ikke alltid proklamert hele budskapet, men gjør det jeg opplever er riktig.

10 Kommer jeg til slutten av talen og er klar for å be for tilhørerne, skjer som følger: Alle med behov har fått instruksjoner. Tre befalinger gis. Jeg befaler nå i Jesu navn enhver sykdomsdemon å komme ut av alle som **vil** ha dem ut. Videre befaler jeg enhver demon som undertrykker, binder eller har besatt mennesker, å komme ut - av dem som **vil** bli fri demonene, i Jesu navn.

11 Så arbeider jeg meg videre i møtet etter som jeg får tro for. Når du er en plass fysisk, tror du virkelig på hva du gjør, fra dypet av din ånd. Her snakker vi om en klippefast tro, i ordets rette forstand.

Kapittel 4

Det kristne budskap - dårskapens budskap

"Folket trodde Jesu disipler hadde tatt Jesu legeme fra graven om natten." (Matt 28,13)

Disiplene var uten utdannelse. (Apg 4,13)

Evangeliet er en dårskap for dem som går fortapt. De kristnes jobb er å få evangeliet ut til hele verden, til en verden i åndelig mørke. Korsets forkynnelse ble sett på som en dårskap. (1 Kor 1,18)

"Ta derfor på Guds fulle rustning, så dere kan stå imot Satans listige angrep." (Ef 6,11)

Kristus beviste evangeliet

Av erfaring gjennom mange år, vet jeg hva som er troens gode strid, fordi jeg har forkynt og proklamert evangeliet til unådde mennesker verden over, utallige ganger. Jeg vet hva det er og hva det betyr å kjempe mot Satan og demonenes forskjellige listige angrep. Jeg har levd blant verdens folkeslag og fått mine personlige erfaringer av evangeliet om Jesus Kristus. Jeg vet at Guds frigjørende kraft er fullkommen for all evighet.

"Evangeliet er en **Guds kraft**." (Rom 1,16)

Alltid i frontlinjen av krigen - der synderne er

Jeg har proklamert evangeliet år etter år. Min erfaring er at det alltid virker. Jeg har alltid vært i frontlinjen av krigen, og **seieren** har alltid vært min **i Jesu navn**. Hver gang. Jeg kunne ha fortalt dere mirakel-historier hele natten lang. **Den åndelige krigføringen kan bare gjøres ett sted - der ute hvor synderne er. Alt du må gjøre, er å forberede deg for krig.**

Kristus beviser sitt evangelium

"Og de gikk ut og proklamerte/forkynte evangeliet alle steder. Og **Herren** virket med og **stadfestet Ordet** ved de **tegn** som fulgte med." (Mark 16,20)

"Israelittiske menn! Hør disse ord: Jesus fra Nasaret, en mann som var blitt utpekt for dere av Gud ved kraftige gjerninger, under og tegn, som Gud gjorde ved Ham midt iblant dere, slik som dere selv vet." (Apg 2,22)

Gud forlater deg aldri
La din trygghet (uten tvil) være i dypet av ditt indre, i fullkommen overbevisning. For **Han har selv sagt:**

"Jeg vil aldri forlate deg, Jeg vil aldri slippe deg." (Heb 13,5)

"… og lærer dem å observere og holde alt Jeg har befalt dere. Og se, Jeg er med dere alle dager, inntil verdens ende!" (Matt 28,20)

"Men Gud være takk, som alltid lar oss vinne seier i Kristus Jesus, og ved oss åpenbarer Sin kunnskaps duft på hvert sted!" (2 Kor 2,14)

Kapittel 5

Tjeneste blant virkelige demoner

Fiendens eneste inngang: Valget, den frie vilje. Vi trenger ikke frykte Satan eller demonene - de er under våre føtter

"Og hvor uendelig stor Hans makt er for oss som **tror,** etter **virksomheten av Hans veldige kraft,** som Han viste på Kristus da **Han oppvakte Ham fra de døde** og satte Han ved Sin høyre hånd i himmelen." (Ef 1,19.20)

Forberedelser for den virkelige kampen
I tjenesten for Jesus har jeg møtt de åndelige hærer av ondskap. De har kommet til hver kampanje jeg har hatt verden over. Så fort jeg startet å preke, begynte demonenes manifestering. Jeg har alltid vært overbevist om at Kristus Jesus er **med** meg, og at Den Hellige Ånd er **i** meg - og at jeg er **beskyttet** av Jesu Kristi Hellige blod. Jeg har alltid vært

overbevist om at de onde makter **må bøye seg for navnet Jesus.** Og at Satan og demonene er under mine føtter **i Jesu navn.** Alltid. Og når jeg kommanderer dem å gå i Jesu navn, **må** de gå.

Demonene kommer ut
Hvis ikke de onde ånder kommer ut, mens jeg taler eller proklamerer budskapet om Jesus, er jeg klar til den oppgaven etter forkynnelsen. Når jeg da begynner å betjene menneske, kaster jeg demonene ut med ett ord, som Jesu gjorde. Vanligvis kommer de ut med en gang. Noen med høye skrik, andre uten lyd i det hele tatt. Det skjer også at noen demoner kommer ut litt senere, uten mer forbønn. Ordren og befalingen er gjort. Den **må adlydes** fordi **Kristus står bak den med Sin seier.**

De demonbesatte samler seg bak plattformen
Av en merkelig grunn samler ofte de som er demonbesatte seg bak plattformen, uten at noen har ledet dem til det. Noen ganger med mye skrik, andre ganger helt rolig. Første gang det skjedde, var i India (i 1978), og slik har det fortsatt på slike møter. Noen ganger skjer det midt i talen. Da har jeg stoppet opp, gått bak plattformen og kastet demonene ut. Ellers gjøres det etter at talen er ferdig, før annen forbønn.

Troens gode strid

Hver gang jeg går på plattformen, klar til å møte mennesker som aldri før har hørt evangeliet, kjemper jeg troens gode strid. Jeg bringer lyset fra evangeliet til mennesker som lever i mørket. Jeg gjør hva jeg kan for å overbevise dem om Kristi død og oppstandelse, og hvordan dette har betydning for deres liv - hvis de tar imot Jesus Kristus som sin Herre og Frelser.

Respekt for menneskers valg

Jeg elsker å gi mennesker muligheten til å si **ja** eller **nei** til Jesus. Mennesker fortjener en sjanse! Jeg respekterer mennesker for deres valg, enten det er «ja» eller «nei» til Jesus. Alle har retten til å gjøre et valg.
Et valg for et velsignet liv i Kristus - eller ikke.

Festningsverker av vantro

Det er dette jeg møter ansikt til ansikt, når jeg går på plattformene og ser ut over tusener av hinduer, muslimer eller andre religioner og kulturer. Jeg elsker å gjøre dette. Det er vidunderlig å se alle menneskene som Gud har skapt og som har evigheten i sine hjerter. De har misforstått den åndelige, evige virkeligheten på innersiden av seg selv, fordi alle andre åndelige virkeligheter har kommet og bygget opp festningsverker i deres sjel/personlighet, i deres tanker, følelser og viljeliv. Men nå har den evige

Utfrieren i deres hjerter (Fork 3,11) kommet deres vei med overbevisning.

I tjeneste kommer jeg for å rive ned festningsverker, det er min jobb. Jeg er her for å utføre troens gode kamp - troens gode strid.

Kapittel 6

Dette er den virkelige åndelige kampen

«Er det nå mennesker eller Gud jeg vil overtale? Eller forsøker jeg å gjøre mennesker til lags? For hvis jeg fremdeles gjorde mennesker til lags, var jeg ikke Kristi tjener». (Gal 1,10)

"Han skal vite at den som omvender en synder fra hans villfarelses vei, han frelser en sjel fra døden og dekker over en mengde synder."
(Jakob 5,20)

Her er ditt utgangspunkt for å være i Guds vilje med ditt liv. Her er egoet vekk, konsentrasjonen går på å nå mennesker med de gode nyheter - og få satt dem fri. Du er en menneskefisker og menneskeforløser, hvis du er født på ny. Det er din tjeneste. Vær forberedt på den, gå inn i kampen slik Bibelen viser deg.

Våpnene er deg gitt

"For våre stridsvåpen er ikke kjødelige, men mektige for Gud til å omstyrte festningsverker." (2 Kor 10,4)

Kom deg ut på markene og proklamer de gode nyheter om Jesus Kristus. Vinn mennesker for Jesus, kast ut demoner og helbred de syke i Jesu navn. Du **kan** gjøre det, hvis du **vil**. Når du proklamerer Jesu Kristi evangelium med sterk tro - river du ned festningsverkene radikalt. Du vil få se mennesker omvende seg og gi sine liv til Jesus - bli født på ny. Du vil se og høre demonene komme ut. Du vil se de forkrøplede helbredet - og se dem gå. De blinde får syn, og de døve hører. Du vil få **se** alt Jesus ga sitt liv for, skje foran dine øyne.

Dette er åndskampen vi skal utføre. Den foregår ikke bortgjemt på et bønnerom. Dette er å kjempe mot makter og myndigheter.

Les dette: «Og ryktet om Ham kom ut over hele Syria, og de førte til Ham alle dem som hadde vondt og led av alle slags sykdommer og plager, både besatte, månesyke og lamme - og Han helbredet dem.» (Matt 4,24)

Dette er det samme som å kjempe mot makter og myndigheter, dette er vår åndskamp. Hver kristen som deler evangeliet på denne måten, møter maktene og myndighetene ansikt til ansikt.

Dette er hvordan jeg har gjort det i alle år på slagmarkene verden over. Hvor enn jeg har reist i verden med evangeliet om Jesu Kristus, har jeg sett de samme resultatene som Jesus opplevde i Bibelen. Hvis du er villig og har lært "leksa di" i sammen med Herren, så har du det som skal til - og du kan gå med det. **Du** er den **Herren vil bruke.**

Traktoren med hengeren full av syke mennesker
Ryktene om miraklene i møtene nord i India, spredde seg som ild i tørt gress. Mennesker kom langveis fra. Noen kom til og med med fly til møtene fra andre deler av India. Men noe spesielt skjedde: En mann hadde lånt en henger til å ha bak på traktoren sin, og han kom med hengeren full av syke mennesker. Tenk på dette, her kom syke hinduer for å bli helbredet, her kom mennesker i nød. Jeg forkynte/proklamerte evangeliet om Jesus - og bokstavelig talt rev ned Satans festningsverker i menneskers liv. Jeg kunne se i ansiktene deres at Satans festningsverker falt av. Friheten og gleden kom! Seieren til ånd, sjel og kropp kom. Det var tydelig å se på dem. Det samme skjer i ethvert korstog jeg har verden rundt.

Tror du det nå?

Jeg stopper opp i talen og ser på folket og spør: «Tror du det nå?» Mennesker roper tilbake til meg: «Ja, ja, vi tror det du forkynner». Så sier jeg videre: «Vil du bli frelst? Vil du leve for Jesus? Vil du bli helbredet? Vil du bli satt fri fra sykdommer og demoner?» Mennesker roper, klapper, gråter, noen danser - selv **før** jeg har begynt å be.

Kampen i ånden i gang for fullt

Så ber jeg helt målbevisste bønner, nøyaktig slik Bibelen forklarer det. Demonene og sykdommene kommer ut. Nå må jeg stå på i samarbeid med Den Hellige Ånds ledelse, i tro til Ordet - til det bryter helt igjennom. Etter det kommer helbredelsene og demonene ut, uten mer offensiv fra meg. Seieren i det åndelige er vunnet.

Vi er på linje med evangeliet i kampen - og Gud er på tronen

Vitnesbyrdene kan vare i timer på plattformen hver kveld. Mennesker står i lange køer for få vitnet om sine helbredelser og utfrielser fra demoner. De som kom på hengeren bak på traktoren, ble frelst og helbredet. De som hadde kommet flygende inn til møtene, ble frelst og helbredet. Disse menneskene var klare for å møte Jesus på alle nivåer i sine liv. De var klare til å få revet ned festningsverkene i sine liv, slik at Jesu kunne bli **Herre. Dette er den virkelige kampen i ånden.**

Kapittel 7

Tro - en intelligent krigføring

"For Ordet om korset er vel en dårskap for den som går fortapt, men for oss som blir frelst, er det en Guds kraft." (1 Kor 1,18)

Vi vet hva vi har i Kristus Jesus. Vi tror det sterkt. Vi proklamerer det sterkt ut - og resultatene følger. Hva er av høyeste viktighet her? Det er at vi kjenner vår fiende. Kjenner hans strategier og hans samarbeidspartnere, hans arme.

Kristne aksepterer Satans løgner, fordi de ikke kjenner forsoningens virkelighet!

1
Satan fikk sitt totale nederlag for evig, da Jesus vant seieren på Golgata kors! Da møtte Han Satan i dødsriket og sprinklet Sitt seirende blod

på nådestolen i himmelen. Den fullkomne seier over Satan var et evig faktum.

2
Deres egne muligheter for en fullkommen frihet i Jesus Kristus, fra Satans makt og autoritet.

3
Det faktum at de har blitt brakt tilbake til fellesskapet med Gud Jehova - og at vi er presentert uten synd, presentert hellige innfor Guds øyne. Jesu blod beskytter oss og har renset oss. Vi er innfor Gud, der Adam og Eva var før syndefallet.
Ut ifra dette ståsted skal vi leve i seier.

Hør her: "Dere har Han forlikt ... i Sitt jordiske legeme ved døden, for å fremstille dere hellige og ulastelige og ustraffelige for Sitt åsyn."
(Kol 1,20-22)
Ser du det, du er seierherre i Kristus! Du er klar for kampen jeg snakker om.

Satans begrensede sone
Det er viktig for kristne å kjenne til Satans totale nederlag. **Vite** at han er en forfører, en løgner og en bråkmaker. Hans autoritet og kraft er **utenfor** Kristi legeme. Ute i den ikke-kristne, hedenske sone, ute i verden. Satan har ingen autoritet blant de gjenfødte, de Jesus-troende etterfølgere - i tro, i seirende tro. La oss leve sterkt med Jesus. For de troende, er Satan en **beseiret**

fiende - så sant du **ikke gir etter for ham på noen måte.** En annen viktig sannhet om åndelig krigføring: Når du nå har forstått, fått lys/åpenbaring over dette som omhandler åndelig krigføring, vil det gi deg nye perspektiver om bønn - og bønn for andre.

Lev ditt liv som en åndens kriger - la all eksistens se Kristus i deg

Vår åndskamp skal ikke utføres i menigheten, i bønnerommet, i ditt private bønnefellesskap. Be til Herren! Søk Herren for å bli kjent med Ham og Han med deg! Få bevisst felleskap med Gud, Jesus og Den Hellige Ånd! Lev i det jeg her har fortalt deg. Lev ditt liv som en åndens kriger.

Kapittel 8

Hva vår kamp består i

Satans forræderi
Meningen med å kjempe troens gode strid, er å stå imot angrepene fra forræderen Satan.

"Ikle dere Guds fulle rustning, så dere kan stå dere imot Satans listige angrep." (Ef 6,11)

Husk at alle angrep fra Satan er forræderiske. Det er ikke mot **fakta**, det er alltid mot **løgner**. Det er ikke mot **sannhet** eller **virkeligheter**, men **illusjoner**. De kristne som lever i Guds Ords virkelighet - vil øyeblikkelig stå opp imot løgnen fra Satan **med Ordet fra Gud,** Bibelen, og rive ned festningsverkene Satan forsøker å bygge opp.

"Vi omstyrter tankebygninger, vi kaster ned argumenter og hver høy ting, enhver høyde som vil opphøye seg, vil reise seg mot kunnskapen om Gud. Vi tar enhver tanke til fange under lydigheten mot Kristus." (2 Kor 10, 5)

Troens gode strid
Når Satans tankepiler foreslår tanker/situasjoner som er imot Guds Ord, Bibelen - da skal den kristne øyeblikkelig snu Guds Ord imot situasjonen/tanken og si: «Dette er hva jeg tror, dette er sannheten og jeg står på den for evig! Satan, du bør stikke av med dine løgner, i Jesu navn!» Dette er hva det vil si å kjempe troens gode strid. Husk: Vår kamp er imot forræderen, ikke imot virkeligheter/realiteter rundt oss. Vi tror Guds Ord er sannheten. Det motsatte er falske doktriner, det som vil forføre deg. Hvis en kristen **lar seg bli manipulert** av Satans skjulte løgner og forræderi, **da tror han løgnen fremfor Guds Ord.**
Det er nøyaktig det samme som skjedde med Adam og Eva i Edens hage. Resultatet av det, var at de mistet sin livsstil. Den fullkomne livsstilen Gud hadde planlagt for dem.

"For disse tjener ikke vår Herre Jesus Kristus, men sin egen buk, og ved sin søte tale og sine fagre ord, dårer de enfoldige hjerter."
(Rom 16,18)

Kan du se hvor lett Satan kan bedra og forføre hjertene på de enkle? Paulus advarer menigheten/fellesskapet i Efesus om disse ting:

"For at vi ikke lenger skal være umyndige og la oss kaste og drive om av ethvert lærdoms vær, ved menneskers spill, ved kløkt i villfarelsens kunstner." (Ef 4,14)

På linje med Guds Ord eller Satans ord

Troens gode strid, er å stå imot alle slags angrep fra Satan. Det er det samme hva det er. Er det ikke på linje med Guds Ord, så er det på linje med Satans ord. Vi lever ikke i et "innimellomland". Vi som kristne lever på rett linje med Guds Ord, Bibelen, sannheten.

Satans kamp er en kamp med ord

Satans spill, er et spill med ord. Hans våpen er ord - som kommer til oss gjennom tanker i hodet. Det kan også skje til våre ører, eller gjennom noe vi berører, som gir en tanke eller følelse. Det kan også være noe vi ser.
Satan spiller på våre fem sanser. **Kristne,** som kjemper imot Satan, **kjemper** ikke imot fakta, men **imot løgner!**

Hør hva Paulus sier: "Så ikke Satan skal ta fordel av oss. For vi er ikke uvitende om hva han har i sinne." (2 Kor 2,11)

Vi slipper ikke Satan inn på oss, vi er på vakt med troens skjold, Guds Ord, Bibelen. **Det du aksepterer - slik blir du.**

En krigers tros-dråper

Dråpe 1
Satans eneste kraft/makt over kristne, er den de kristne gir ham. Satans kraft er bare virkelig i livene til de mennesker som ikke har omvendt seg og gitt alt til Jesus. Satan har ingen makt i kristnes liv, Guds barns liv. Gi ikke djevelen rom.

Dråpe 2
Satans autoritet er bare virkelig i den verden hvor det ikke finnes omvendelse fra synd.

Dråpe 3
Tro er tro, i og på Guds Ord, Bibelen. Aksept av Guds Ord, uansett hva omstendighetene i livet sier.

Dråpe 4
Hvis du er født på ny, overvinner du verden - hvis du tror det. "For alt det som er født av Gud, overvinner verden, og dette er den seier som har overvunnet verden, **vår tro.**" (1 Joh 5,4)

Kapittel 9

Vitnesbyrd fra verden rundt

Det er seier - uansett
Uansett hva dine omgivelser forteller deg av negative rapporter, så er det seier - uansett. Ingen av dine fundamenter å bygge livet på, er av denne verden. De tilhører og har sin virkelighet i den åndelige verden. Jo raskere du oppdager og erkjenner det, desto raskere vil ditt liv som en Herrens kjempe bli en realitet.

Hvem vil du adlyde?
Du vil bli misforstått, baktalt, mislikt - og dører vil stenge seg for deg. Det store spørsmålet blir når alt kommer til alt, **hvem** vil du adlyde? Skal du adlyde omstendighetene og **nedprioritere Gud** og bli en taper? Eller skal **adlyde Guds Ord, Bibelen,** og bli herre over omstendighetene i livet - bli en vinner? Dette er avgjørelsen vi må ta. Jeg kan fortelle deg at det er ingenting i livet du har rundt deg, som er verdt å satse livet på.

Det er kun en ting det er verdt å satse livet på, det er Jesus Kristus, Guds levende Sønn.

Stoler vi på Ham, er det seier uansett omstendigheter

Jeg har forkynt Hans Ord over hele verden siden jeg var 20 år gammel. Ordet har aldri slått feil, ikke en gang. Så lenge jeg har vært villig til å stole på Ham, uansett hva omstendigheten har sagt, så har det gått igjennom til seier. Min uttalelse:" Det er seier", har jeg fått mange negative og kritiske bemerkninger på opp gjennom årene. Mennesker har sagt: «Du kan da ikke være så sikker, du må ikke være så påståelig! Du har til og med fått mennesker til å komme til møtene, for å lyve og si de har blitt helbredet». Flere andre negative uttalelser har kommet min vei.

Hvem skal jeg stole på?
Igjen vil jeg si: **Hvem** skal du stole på? Omstendighetene eller Kristus? Ingen har noen rett å komme til meg og si at jeg lyver. Ingen har rett til å komme til meg og si: "Du kan ikke si …" Jeg er en fri person med egen fri vilje, og jeg har bestemt meg for å stole på min Gud. Du kan gjøre det samme.

Pinseleder Bulgar i Romania: «Du kan ikke love helbredelse…»

Det første offentlige helbredelses-, frelses- og utfrielseskorstog i Romanias historie, hadde jeg i begynnelsen av 1990. Da var store plakater hengt opp over hele Bukarest, hvor syke ble oppmuntret til å komme og motta helbredelse, utfrielse og frelse fra Jesus Kristus. Lederen for pinsebevegelsen i Romania, pastor Bulgar, kom til meg. (Bevegelsen var på parti med staten, derfor kunne de ha menigheten). Han sa: «Du kan da ikke love mennesker helbredelse», (hvilket jeg heller ikke hadde skrevet på plakatene), «tenk om ingen blir helbredet», fortsatte han. Mitt svar tilbake til ham var ganske enkelt: «Det har jeg ikke tenkt på». Jeg har helt siden jeg ble frelst, **satt min lit til Gud** i alle ting. Denne turen til Romania var heller ikke noe unntak i så måte. Møtekampanjen ble en stor seier for Guds rike. Mennesker i tusener ble frelst, utfridd fra demoner og helbredet. Etter denne kampanjen forsatte jeg i flere år med møtekampanjer på fotballstadioner, idrettsplasser og forsamlingslokaler rundt i hele nasjonen. Nasjonalt gjennombrudd for evangeliet var et faktum. Resultatene var de samme over alt: Mennesker ble helbredet, utfridd fra demoner og frelst i tusentall - og motstanden var alltid til stede i forskjellig grad. Kristi seier gikk frem fra sted til sted.

Kapittel 10

Bundet - og hvordan bli fri

Jeg velger å skrive litt om det å bli **bundet** av demoner. Jeg tar **ikke** med det å bli **besatt**. Her er det viktigere å ta med det som har med bundethet å gjøre. Det er absolutt det man oftest møter på i verden, av plager i et menneskes personlighet. Jeg velger også å ta med litt om sykdommer og skrøpeligheter (etter dette stykket).

1. Bundet
Vi skal se litt på hvordan mennesker blir bundet i sitt sjelsliv. Som nevnt tidligere så er sjelslivet menneskets personlighet. Det innehar følelser, vilje og forstand. Erfaringene når det gjelder utfrielse, viser at det er lettere å bli fri demonbesettelse enn det å være **bundet i sjelslivet**. I sjelslivet har demonene så mye intellekt de kan skjule seg bak! Hvordan blir et menneske bundet i sitt sjelsliv, og hvem kan bli

bundet? Alle kan bli bundet i sitt sjelsliv, enten de er født på ny eller ikke. Det er mange ting et menneske kan bli bundet av, men jeg skal bare ta frem **hvordan** man blir bundet generelt.

Vi ser først på en person som var bundet i Bibelen:
" Men denne, en Abrahams datter, som Satan har bundet, tenk i atten år, skulle ikke hun bli løst av dette bånd på sabbatsdagen?" (Luk 13,16)

Her taler Bibelen om en troende kvinne som var bundet av Satan. I vers 11 i samme kapittel, sier Bibelen at det var en «vanmakts ånd», altså en **demon**. Den hadde satt seg i kvinnens sjelsliv og bundet det. Sjelslivet er vår personlighet. Når man blir bundet i sin personlighet, så vil det som binder prege nettopp personligheten. I dette tilfellet forårsaket det at kvinnen ble krumbøyd.

"Og se, det var en kvinne som hadde en vanmakts ånd i atten år, og hun var krumbøyd og kunne ikke rette seg helt opp." (Luk 13, 11)

Da vårt legeme har i seg åpenbarelsen av vår personlighet, vil naturlig en bundet persons personlighet gi uttrykk i legemet (som med denne kvinnen). Det kan virke som et fysisk angrep, en undertrykkelse av legemet, en sykdoms ånd eller en skrøpelighet/skade. Men det var det åpenbart ikke. Det var en vanmakts ånd - en **svakhets ånd** i hennes sjel, i hennes personlighet. Den ga et uttrykk i kvinnens legeme, som forårsaket at hun ble krumbøyd. Enhver som er bundet i sin sjel, vil ha et uttrykk i sitt legeme eller i sitt åsyn/ansikt av den ånd de er bundet av.

Bibelen sier:
" Og grip foruten alt dette **troens skjold** (Guds Ord) hvormed dere skal kunne **slokke** alle den ondes **brennende piler**." (Ef 6,16)

Djevelens angrep er med brennende piler, som da er rettet mot inngangsporten til vårt sjelsliv, personligheten vår. Inngangsporten er via sansene med tanker eller følelser - eller direkte tanker og følelser. Altså tankepiler til intellektet, eller følelsespiler til følelsene. Her forstår vi **at enhver tanke gir en følelse, og enhver følelse gir en tanke.** Satan kommer lett til, hvis vi ikke er våkne.

Videre sier Bibelen:" Men det **kom en tanke opp i dem** om hvem som var den største iblant dem." (Luk 9,46)

Her kom det en tanke pil fra djevelen rettet mot forstanden, en hovmods- eller selvopphøyelses tanke. Og **bak enhver tanke er det en ånd.** I vers 47 ser vi at denne tankepilen ble godtatt: Men **da Jesus så deres hjertes tanke ...**

Først kom **tanken** opp i dem, så lot de den slippe til og det ble en **hjertets tanke.** De ble bundet - den gikk inn i sjelslivet. Disiplene behøvde ikke ha sluppet denne tankepil inn i sitt sjelsliv. **De kunne selv ha tatt autoritet over djevelens angrep med troens skjold, Guds Ord, og bedt tanken vike i Jesu navn!**

" Gi ikke djevelen rom!" (Ef 4,27)

Vi kan gjøre vårt eget valg her. **Vi** kan avvise alle djevelens angrep på vårt tankeliv og følelsesliv i Jesu navn. **Gjør** vi det, så kan han **ikke få bundet oss.**

" Vær derfor Gud undergitt! Men stå djevelen imot, så skal han fly fra dere." (Jakob 4,7)

For å bli bundet i sjelslivet, må vi godta Satans tankepiler som blir skutt mot vår forstand eller vårt følelsesliv. Godtar vi de tanker som en del av oss selv, er vi bundet. Dette som da binder vår personlighet, sjelslivet, vil da prege oss. **Et menneske som er bundet, vil oppleve at den tingen man er bundet av, alltid vil være tilstede og plage i mer eller mindre grad.** Å være bundet, er å ha en demon i sitt sjelsliv. Mennesker som er født på ny, kan også være bundet. Det bånd en person som er født på ny har på sin sjel, har vedkommende nesten alltid hatt med seg fra et liv som "ikke-kristen".

Hvordan bli fri fra bundethet?
Et menneske som ikke er født på ny, kan ikke bli løst fra å være bundet. Forutsetningene for å bli fri, er ikke tilstede dersom en ikke er født på ny. Hvordan blir da et menneske som er født på ny, og bundet av djevelen, satt fri? Det kan skje på to måter: For det første slik som kvinnen med avmaktsånden ble løst.

Lukas forteller hvordan det skjedde:
"Da Jesus så henne, kalte Han henne til Seg og sa: «**Kvinne du er løst fra din vanmakt**». Og Han la Sine hender på henne, og straks rettet hun seg opp og priste Gud." (Luk 13,12.13)

Her kan vi se at Jesus gjorde som Bibelen beskriver i Salme 33,9: "Han talte og det skjedde, Han bød og det stod der."

Her gjelder det samme som for besettelse. Vi stoler helt på Ordet, Guds Ord står evig fast. (Salme 119,89)

Bibelen sier videre:
" Se, Jeg har gitt dere makt til å trø på slanger og skorpioner - og over **alt fiendens velde** - og ingenting skal skade dere." (Luk 10,19)

Vi står fast på befalingen vi har gitt, og demonene som har bundet vedkommende **må gå.** Vi **tror Guds Ord** uten forbehold.

Videre leser vi:
" Men uten tro er det umulig å være til behag for Gud. For den som trer fram for Gud, må tro at Han er til, og at Han lønner den som søker Ham." (Heb 11,6)

Den krumbøyde kvinnen i India
I India ble jeg kalt hjem til en kvinne som var krumbøyd. Vel fremme, la jeg hendene på kvinnen og kommanderte vanmaktsånden å forlate henne. Kvinnen rettet seg da opp med en gang - og var fri! Dette er den ene måten å bli fri fra bundethet på: Et menneske løser et annet menneske **i Jesu navn.**
Den andre måten er å løse seg selv med Guds Ord. Her er man ikke avhengig av andres hjelp for å bli fri.

Bibelen sier:" Vær derfor Gud undergitt, stå djevelen imot, og han skal fly fra dere." (Jak 4,7)

"Igjen sier jeg dere: Alt det dere binder på jorden, er bundet i himmelen.." (Matt 18,18)

I de fleste tilfeller så er man bundet i deler av sitt sjelsliv, sin personlighet. Man kan bruke Guds Ord selv, dersom man er grunnfestet i det. I Jesu navn binder man demonen som har bundet, og befaler den om å forlate vårt eget sjelsliv. Igjen er det helt nødvendig å stå på den befalingen man har gitt i overensstemmelse med Guds Ord, og den ånden som har bundet **må gå**. Imidlertid viser erfaringen, at de fleste som er bundet trenger å bli hjulpet av et annet menneske, som er redskap fra Herren.

Hvordan beholde utfrielsen?

"Min sønn, glem ikke Min lære, og la ditt hjerte bevare Mine bud. For langt liv og mange leveår og fred skal de gi deg i rikt mål." (Ord 3,1.2)

Det viktigste å gjøre for å beholde utfrielsen, er å la Guds Ord rikelig få være i oss, lese og grunne på Guds Ord. La ordet få bevege seg i oss, for **Ordet er kraftig og levende.**

"For Guds Ord er **levende** og **virkekraftig** og skarpere enn noe tveegget sverd. Det trenger igjennom helt til det kløver sjel og ånd, ledd og marg, og dømmer hjertets tanker og råd."
(Heb 4,12)

"Herren sier at Ordet skal gjøre det Han vil, og lykkelig utføre det som Han sender det til."
(Jes 55,11)

"Og Ordet står evig fast." (Salme 119,89)

Enhver som har blitt løst fra å være bundet, har alltid angrep fra djevelen kort tid etter utfrielsen. Enten gjennom en tankepil eller følelsespil, som går på akkurat det samme som man tidligere har vært bundet av. Det er **helt nødvendig** for den som har vært bundet å **være grunnfestet i Ordet,** slik at Ordet kan brukes mot djevelens angrep! Man avviser da angrepene med **Ordet,** som er **troens skjold,** i Jesu navn. Djevelen vil prøve seg flere ganger, men da han oppdager at vi står på Ordet uansett, så vil han etter hvert slutte å angripe.

Hør: "Gi ikke djevelen rom!" (Ef 4, 27)

Kapittel 11

Syk - hvordan bli fri?

Sykdom

Sykdom har jo helt siden syndefallet i Edens hage, vært menneskets største fiende. Hva er så sykdom, og hvor kommer den fra? Sykdom angriper mennesker fra yttersiden, på samme måte som undertrykkelse. Forskjellen her er at sykdommen eller (som det rette navnet er) **sykdomsmakten/ sykdomsånden,** angriper legemet, i stedet for sinnet og følelsene, slik de undertrykkende åndene gjør. Når sykdommen har befestet et legeme, vil man jo alltid få en påvirkning følelsesmessig og i tankene, men da ut ifra sykdommen i legemet. Det som vi kaller sykdom, deler Bibelen inn i to.

" Han tok våre **skrøpeligheter** på Seg og bar våre **sykdommer**." (Matt 8,17)

Skrøpeligheter

Så sykdommer er påvirket av sykdomsmakter, onde ånder, mens derimot **skrøpeligheter** er noe som mennesket påfører seg selv. Ved ufornuftig bruk av sitt eget legeme, og ved å bryte de naturlige lover som setter grenser for hva et menneske kan tillate seg å gjøre, uten å bli påført en skrøpelighet. En skrøpelighet kan forbli en varig skade, eller den vil lege seg på en naturlig måte. Er man utsatt for en ulykke, kan jo det påføre en skrøpelighet. Det å løfte tunge ting i en feil stilling, kan føre til at vi får en skiveutglidning i ryggen. Det er da en selvforskyldt skrøpelighet med en varig skade.

Vi kunne ha løftet den tunge tingen i rett stilling og ha unngått skaden. Er vi så uheldige å få kokende vann på oss, så får vi en brannskade. Vårt legeme er ikke lagd til å tåle ting med varme opp til kokepunktet. Det blir da her et brudd med naturens balanse for hva huden vår tåler. Dette er da selvfølgelig en uforskyldt skrøpelighet, som vil leges på en naturlig måte hvis ikke skaden er blitt for stor.

Sykdommer

Når det gjelder det som Bibelen kaller **sykdommer**, så blir bildet annerledes. Sykdommer er som sagt forårsaket av sykdomsmakter, demoner.

I 5 Mosebok kan vi se at sykdommer er benevnt med det personlige pronomen "de". Så sykdommene er personligheter. Vi leser: "Tærende syke, brennende sott, med feber og verk, med tørke og kornbrann og rust, og **de** skal forfølge deg til du går til grunne." (5 Mos 28,22)

Dette står i et kapittel i Bibelen hvor **forbannelsen** blir tatt opp. Så sykdom er en forbannelse.

I Lukas 4,39 kan vi lese om da" Jesus kom til Peters svigermor som lå syk av feber. Jesus stod over henne og truet feberen, og den forlot henne."

Du kan ikke true noe som ikke forstår hva du sier, du kan bare true en person. Jesus så her at det var djevelen som var i arbeid med feber, så han truet feberen -og den måtte gå. Slik arter feber seg også i dag. Feber er like mye en sykdomsmakt i dag som det var i Bibelens dager.

Like sant som det er at" Jesus Kristus er i går, i dag den samme, ja, til evig tid." (Heb 13,8)

Er det sant at djevelen og hans demoner er de samme? De bryr seg ingenting om hva vi mener om dem og deres eksistens, men de er reelle allikevel.

Øreverk og feber

Jeg husker et tilfelle hvor jeg fikk en telefon. Det var en far som ringte for sin sønn som hadde øreverk og feber. Jeg ba gutten legge telefonrøret på hodet, og jeg truet feberen og verken gjennom telefonen. Dagen etter traff jeg faren, og han fortalte at feberen og verken forsvant samtidig med at det ble bedt over telefonen. Sykdomsmaktene er virkelige, og de må adlyde Jesu-navnet. Selvfølgelig kan det gis mange fornuftige medisinske diagnoser, men allikevel er det en dypere årsak.

Vi leser videre:
" Da nå disse gikk bort, se, da førte de til Ham et stumt menneske, som var besatt (med en sykdomsmakt i legemet). Og da den stumme ånd var drevet ut, talte den stumme." (Matt 9,32.33)

Her ser vi tydelig at sykdommen er en **demon** fra djevelen, altså en **forbannelse** og ingen velsignelse fra Gud.

" **Du målløse, døve ånd**: Jeg byr deg: Far ut av ham og far aldri mer inn i ham!" (Mark 9,25)

Her ser vi igjen at Jesus driver ut sykdomsmakten, demonen fra djevelen.
I Afrika opplever jeg det samme gang etter gang, når jeg ber for syke i slutten av møtene. Jeg ber

ikke for en og en, men tar autoritet over alle sykdomsmakter i alle legemer på en gang. I et møte kom det frem to kvinner etter bønnen. De hadde begge vært stumme. Nå kunne de tale! Sykdomsmakten måtte gå når den ble truet i Jesu navn, i tro. Som Bibelen underviser og erfaringene viser, så er sykdommer personligheter.

Vi leser:" **Deretter** førte de til Ham en besatt som var blind og stum (her igjen sykdomsmakter), og Han helbredet ham slik at den stumme talte og så." (Matt 12,22)

India - sykdomsmaktene/de døve ånder hører, og må adlyde og forlate den døve, så de døve får hørselen tilbake.
I India opplevde jeg i et møte, mens jeg ba for syke, at 3 døve fikk igjen hørselen på likt. Når vi begjærer og proklamerer seier på Ordets grunn, må sykdomsmaktene som hører oss, gå. De hører oss like godt som vi hører hverandre. **De hører troens tale.**
Ved å befale blinde ånder å forlate de blindes øyne, opplever jeg at de adlyder - og de blinde ser. Det er ikke bare en såkalt sykdom vi har med å gjøre, men det er **onde ånder i den åndelige verden** som har kommet for å stjele, myrde og ødelegge. (Joh 10,10) Ved å be for kreftsyke, har jeg opplevd at ved å befale kreftdemonene å forlate personen, så forlater den

vedkommende. Den som har blitt helbredet, kjenner at sykdommen har forsvunnet og at kreftene har begynt å komme tilbake. Så nå kan vi tydelig se forskjellen mellom sykdommer og skrøpeligheter.

" Han **tok** våre **skrøpeligheter** - og **bar** våre **sykdommer**." (Matt 8,17)

Hvordan bli fri fra sykdom og skrøpeligheter?
Når det gjelder sykdommer, så kan vi behandle dem på samme måte i dag som Jesus gjorde i Bibelens dager. Men vi må gjøre det **i Jesu navn.**

Hør hva Bibelen sier her:" **Alt** det dere binder på jorden, er bundet i himmelen." (Matt 18,18)

Vi binder sykdomsmakten i Jesu navn, og kommanderer den til å forlate den syke. Da må den adlyde. Det er ikke alltid at vi ser resultatet med våre øyne med en gang. Det kan skje momentant, og det kan skje gradvis. Men det som skjer når sykdomsånden forlater personen, på vår befaling i Jesu navn - er at sykdommens opphav, dens liv i vedkommende person, blir borte. Den ånd som ga sykdommen liv, er borte.

" For liksom legemet er dødt uten ånd…" (Jak 2,26)

Her ser vi at den ånd som gir liv - sykdomsånden
- gir liv til sykdommen. Når opphavet til
sykdommen er borte, så vil legemet komme seg
igjen etter sykdommen.

Se på følgende historie i Markus-evangeliet:
" Og Han tok til orde og sa til det (treet): Aldri i
evighet skal noen mer ete frukt av deg. Og Hans
disipler hørte det. Og Peter kom det i hu og sa til
Jesus: Rabbi, se fikentreet som Du forbannet, er
visnet." (Markus 11,14.22)

Her er et tydelig eksempel på at når livet blir tatt
ved roten, så kommer resultatet etter.

Kvinne med elefantsyke, India
I India ble jeg budsendt til en kvinne med
elefantsyke i beina. Jeg ble bedt om å be for
henne, og tok autoritet over sykdommen i Jesu
navn, og kommanderte den til å forlate kvinnen.
Jeg så ikke noe synlig resultat, men det var
skjedd. Etter jeg var kommet tilbake til Norge,
mottok jeg et brev hvor det stod at kvinnen nå
hadde helt normale bein, og gikk omkring som
alle andre.
Vi tar autoritet over sykdomsåndene i Jesu navn,
og kommanderer dem til å forlate den syke. Den
syke kan motta utfrielsen synlig med en gang,
eller synlig etter en stund. Men i begge tilfeller
dør sykdommen idet sykdomsånden forlater den

syke. **Vårt hovedvitne** for en helbredelse, er ikke hva vi ser og registrerer sanselig, men **hva Guds Ord sier.**

Og Ordet sier:
"Ved Hans sår har vi fått legedom." (Jes 53,5)

Hvordan bli bevart i full helse etter helbredelse fra sykdom?
Her som med de andre tingene vi har tatt opp, så vil den som har blitt helbredet, i de fleste tilfeller, oppleve at djevelen kommer tilbake og prøver seg. Han kommer da med **symptomer** som den tidligere sykdommen har hatt. Det han er ute etter, er å få oss til å tvile på at vi er helbredet. Og få oss til å bekjenne med vår munn de tanker han kommer til oss med. Som for eksempel: «Jeg blir nok ikke helbredet», eller «helbredelse er ikke for meg».

Bibelen sier:
«Har du latt deg binde ved din munns ord, har du latt deg fange i din munns ord». (Ord 6,2)

Vi binder oss selv med vår munns ord. Det er som å ønske sykdommen velkommen tilbake, når du bekjenner disse ting. Vi forfølger heller den seier som er vunnet over sykdommen, uansett hva djevelen prøver seg med av symptomer og tvilstanker på Jesu seier over sykdom.

Bibelen sier
«Vær derfor Gud undergitt, stå djevelen imot og **han skal fly fra dere»**. (Jak 4,7)

Åpenbaringen sier: «Og de seiret over ham, djevelen, i kraft av Lammets blod og de ord de vitnet». (Åp 12,11)

Jesus gjorde verket for deg og meg. Vi bekjenner det Han har gjort for oss med vår munn, og står på det uansett hva sansene våre sier.

Vi leser videre: «Til frihet har Kristus frigjort oss, **stå derfor fast**, og la dere ikke igjen legge under trelldoms åk». (Gal 5,1)

Ser du hva åndelig krigføring er? Det er dette, og ingenting annet.

Kapittel 12

Den skjulte verden

Jeg ble frelst i februar 1973. Da det skjedde, kom det noe mer over meg enn at jeg ble født på ny og døpt i Den Hellige Ånd, uten tungetale. Tungetalen kom en måned senere. Jeg forsto ikke hva annet som hadde kommet over meg, før mye senere. Men mer hadde skjedd. Senere forsto jeg at det var **den himmelske støtten** jeg var avhengig av i tjenesten for Jesus, som hadde kommet over meg i gjenfødelsens øyeblikk. Dagen etter at jeg ble frelst, begynte jeg å be for syke. Uten å ha kunnskap om saken, begynte jeg å be for mennesker til utfrielse fra onde ånder og helbredelse fra sykdommer. Det eneste jeg visste noe om, var misjonsbefalingen i Markus 16,15 (og ut resten av kapitlet).

Det begynte å skje ting fra dag en
Da jeg hadde vært frelst i halvannet år, var jeg nesten ferdig med Bibelskolen (" Troens Bevis

Bibel- og Misjonsinstitutt") i Sarons Dal, som
ble grunnlagt og drevet av evangelist Aril
Edvardsen. Der kom jeg mer og mer inn i
oppgavene Gud hadde for meg - for menneskers
frelse, helse og utfrielse.

Tre kvelder - pluss en kveld. Vinteren 1974,
på Bibelskolen i Sarons Dal, opplevde jeg noe
merkelig. Fire kvelder etter hverandre, da jeg
gikk fra skolebygget opp ditt jeg bodde (som var
underetasjen i rektorboligen), opplevde jeg at det
var noen som fulgte med meg. Den fjerde
kvelden jeg kom inn på rommet og gjorde meg
klar for natten, skjedde det noe: Mens jeg satt på
sengekanten, åpenbarte det seg en skikkelse som
sto og kikket på meg ved døren. Det var en
skikkelse i manns størrelse, med lang,
mørkebrun og lodden pels. Den ble stående og
stirre på meg. Dette var første gang jeg så en
demon. Det var ikke en fysisk skikkelse som
kunne tas på, men den så slik ut. Jeg befalte den
å gå, jeg ropte på Jesu blod, men den bare sto
urørlig. Jeg sto oppreist og kikket tilbake på
den... og plutselig var den borte. Etter dette,
samme sene kveld, hadde jeg et syn som varte
over en time. (Jeg skriver ikke noe om det her,
det passer ikke helt inn i det vi nå snakker om.)
Demonen ville skremme meg, fordi han skjønte
hvilken oppgave jeg var på vei inn i. Han forsto
det mer enn meg.

Glem aldri at den suverene seieren i Kristus er vår i Jesu navn!

Kapittel 13

Be, så skal dere gis!

"Be, så skal dere gis, let, så skal dere finne, bank på, så skal det lukkes opp for dere!" (Matt 7,7.8)

For hver den som ber, han får - og hver den som leter, han finner - og den som banker på, for ham skal det lukkes opp.

Er du i posisjon til å banke på dører, så vet du det. Da vet du også at når ditt signal gis, gjennom banking på dører, skal de som hører signalet komme og lukke opp døren.

Dørbanking
Vi har et fint eksempel på dørbanking i Apostlenes gjerninger 12,5.14-16:
«Men det ble gjort inderlig bønn til Gud for Peter av menigheten».
«Rhode sa: Peter står utenfor og banker på. De sa til henne: Du er fra sans og samling. Men hun

forsikret at det var slik. Da sa de: Det er hans engel. Men Peter ble ved å banke på. De lukket da opp og så ham, og de ble forferdet».

Inderlig bønn
Her ser vi hele menigheten var i inderlig bønn om at Peter skulle komme ut av fengselet. Etter sterk tro og handling fra Peters side, ser vi Herren er med ham. Derimot, den" inderlige forbønnen" fra menighetens side, var ene alene en tvil- og-vantro bønn av ypperste klasse. Som historien forteller oss, kom Peter til huset der menigheten var samlet og banket på. Rhode gikk til døren og gjenkjente Peters røst, og hun formidlet det da videre til dem som hadde vært i" inderlig bønn". Da kom **vantroens unnskyldninger** skyllende innover for å knekke ned troens resultaters åpenbaring. Men historien forteller videre." Peter ble ved å banke". Det som her til slutt skjedde, var at de åpnet døren ... og da de så Peter ble de **forferdet.** Dette var dem som var i "inderlig forbønn".

Kun en var sterk i troen
Det var kun en i denne situasjonen som sto sterkt i troen, på forløsningens seiers faktum. Det var Peter selv. Hadde ikke Peter stått fast i troen, hadde han ikke kommet ut av fengselet. Da han banket på døren der menigheten var samlet, banket han på til det ble åpnet. Døren ble åpnet fordi Peter banket ... til døren ble åpnet. Hadde

det vært opp til de "inderlige forbedere", hadde bønnesvaret (som var Peter) aldri blitt en realitet, det hadde aldri blitt åpenbart. Vantroen er ekspert i å finne unnskyldninger for at bønnesvar ikke finnes. (I våre dager hadde de kanskje heller fortsatt sine krigsdanser med tungetale på menighetslokalet, eller fortsatt med "soaking på madrasser"...)

Krigen er der ute i fiendeland, som vi inntar i Jesu navn.

Kapittel 14

Troens aggressivitet

"Du dekker bord for meg like for mine fienders øyne. Bare godt og miskunnhet skal etterjage meg alle mine livs dager, og jeg skal bo i Herrens hus gjennom lange tider."
(Salme 23, 5-6)

Se seieren med troens øyne. Se hva som er ditt i Herrens testamente til deg. Bestem deg med ditt viljeliv, ikke å være en vanlig troende, men en Guds type troende, en overvinnende kjempe for Gud. En som **vet** i sitt hjerte at Satan er evig beseiret, og at makten over ondskapen er oss gitt i Jesu navn.

I Lukas forteller Jesus en lignelse om den urettferdige dommer. Jesus sier: «Be alltid, bli ikke trette!» (Luk 18,1)

Ordet **trette** i The Amplified Bible, har en helt annen betydning enn den vi finner i mange andre oversettelser. I The Amplified Bibles oversettelse står det: **Bli ikke feige, ikke besvim, ikke mist troen og gi opp.** Her ser vi at hele saken får en annen vending. Dette er akkurat hva kvinnen gjorde som kom til den urettferdige dommer. Hun ga seg ikke! Hun plaget og irriterte dommeren med sin pågåenhet - så dommeren ga opp!

Han sa: «Jeg vil hjelpe denne kvinnen. Jeg vil hjelpe denne enke til å få rett fordi hun gjør meg uleilighet, så hun ikke til slutt skal komme og legge hånd på meg. Og Herren sa: Hør hva denne urettferdige dommer sa! Men skulle ikke Gud hjelpe Sine utvalgte til sin rett, de som roper til Ham dag og natt, og er Han sen når det gjelder dem?» (Luk 18, 5-7)

Vi har en fiende, som heter Satan. Han er ikke villig til å gi oss noe gratis av det som har med Herrens løfter til oss å gjøre. Vi må stå på Guds løfter - sterkt som en klippe. Det eneste som får Satan til å gå, er at vi står klippefaste, urokkelige.

Tvil er ikke i vår tanke
Det er ett ord som ikke finnes hos oss, i vårt ordforråd: Tvil. Hos oss råder troen på Kristi seier og Hans seiersløfter. Vi skal be med en slik

djervhet og frimodighet, så vi aldri gir opp før bønnesvaret har ankommet. Vi står fast i troen til vi er igjennom. Gud vil vi skal komme sterke, målbevisste i vår tro fremfor Ham. Urokkelige. Ingen ytre omstendigheter påvirker oss.

Markus sier:" Alt det dere ber og begjærer, tro bare at dere har fått det, så skal det vederfares dere." (Mark 11,24)

La oss her også se hva The Amplified Bible sier, kanskje det kan gi oss litt mer åpenbaring over saken. Der står det: «Alt dere ber og begjærer, tro bare at dere har fått det, **så skal dere motta det**». «Vederfares» betyr **skal skje dere**. Det er en veldig ubestemt og flytende uttalelse. Det bringer oss ikke inn i posisjonen hvor bønnesvaret er vårt. Derimot ordet **motta** er noe helt annet. Skal du **motta** noe, må **du rekke dine hender frem og ta imot**. Det er en **aktiv troens handlig,** du gjør det som muliggjør ditt mottak av gaven. Du står ikke med hendene på ryggen og sier tusen takk. Du strekker hendene fremover og tar imot gaven og sier tusen takk. Ser du forskjellen? **Troen** gjør alltid **aktive handlinger** når det gjelder mottak av bønnesvar. Aktive, målbevisste handlinger. Ingen mangel av tro - men som vi begjærer og ønsker. **Vær en kjempe og bryt igjennom!**

Kapittel 15

Det er seier - uansett

Åndelig krigføring
Uansett hva dine omgivelser forteller deg av negative rapporter, så er det seier - uansett. Ingen av dine fundamenter å bygge livet på, er av denne verden, de tilhører og har sin virkelighet i den åndelige verden. Jo raskere du oppdager og erkjenner det, desto raskere vil ditt liv som en Herrens kjempe bli en realitet. Du vil bli misforstått, baktalt, mislikt - og dører vil stenge seg for deg.

Det store spørsmålet er: Hvem vil du adlyde?
Det store spørsmålet blir når alt kommer til alt, **hvem** vil du adlyde? Skal du **adlyde omstendighetene** og nedprioritere Gud og bli en taper? Eller skal **adlyde Guds Ord, Bibelen,** og bli herre over omstendighetene i livet - bli en vinner? **Dette er avgjørelsen vi må ta.** Jeg kan fortelle deg, det er ingenting i livet du har rundt

deg, som er verdt å satse livet på. Det er kun en ting det er verdt å satse livet på, det er Jesus Kristus, Guds levende Sønn. Jeg har forkynt Hans Ord over hele verden siden jeg var 20 år gammel. **Hans Ord har aldri slått feil, ikke en gang.** Så lenge jeg har vært villig til å stole på Ham, uansett hva omstendigheten har sagt, så har det gått igjennom til seier.

Det er seier!
Min uttalelse «Det er seier!» har jeg fått mange negative, kritiske bemerkninger på opp gjennom årene. Mennesker har sagt: «Du kan da ikke være så sikker, du må ikke være så påståelig». Og til og med «du har fått mennesker til å komme til møtene for å lyve og si de har blitt helbredet». Flere andre negative uttalelser har kommet min vei.

Hvem skal du stole på?
Igjen vil jeg si: **Hvem** skal du stole på? **Omstendighetene** eller **Kristus**. Ingen har noen rett å komme til meg og si at jeg lyver. Ingen har rett til å komme til meg og si «du kan ikke si». Jeg er en fri person med egen fri vilje - og jeg har bestemt meg for å stole på min Gud. Du kan gjøre det samme.

Pinseleder Bulgar i Romania
Det første offentlige helbredelses-, frelses- og utfrielseskorstog i Romanias historie hadde jeg i

begynnelsen av 1990. Da store plakater var hengt opp over hele Bukarest, hvor det ble oppmuntret syke til å komme og motta helbredelse, utfrielse og frelse fra Jesus Kristus, kom pinseleder Bulgar til meg.

Tenk om ikke noe skjer
Han sa: «Du kan da ikke love mennesker helbredelse...» (hvilket jeg heller ikke hadde skrevet på plakatene), «...tenk om ingen blir helbredet», fortsatte han. Mitt svar tilbake til ham var ganske enkelt: «Det har jeg ikke tenkt på».

Jeg har helt siden jeg ble frelst, satt min lit til min Gud i alle ting - denne turen til Romania var heller ikke noe unntak i så måte.
Møtekampanjen ble en stor seier for Guds rike. Mennesker i tusener ble frelst, utfridd fra demoner og helbredet. Etter denne kampanjen forsatte jeg i flere år med møtekampanjer på fotballstadioner, idrettsplasser og forsamlingslokaler rundt i hele nasjonen. Resultatene var de samme over alt: Mennesker ble helbredet, utfridd fra demoner og frelst i tusentall - og motstanden var som alltid til stede i forskjellig grad. Kristi seier gikk frem fra sted til sted.

Kapittel 16

Til Afrika med koffert på hodet

Praktisk åndelig krigføring
Jeg gikk den harde veien når det gjaldt Herrens opplæring - i alle ting. Det gjaldt også lærdom og erfaring med Satan, demoner og engler. Ikke bare med mitt eget kjødelige liv. Det er den samme harde veien du også må gå hvis du kjenner kall til en utfrielsestjeneste. Dette forstår du helt klart når du leser bøkene mine. Der kommer **overgivelsen** til Kristus og **avleggelse** av kjøttets gjerninger veldig klart frem. Det er den **villighetens vei** du må gå. Hvis ikke blir din tjeneste en teoretisk tjeneste, som skaper forvirring i stedet for forløsning hos mennesker. Det er verken du eller andre tjent med.

Kan jeg få noe tau av deg?
Når du kommer til Afrika første gang, med pappkoffert hvor lokket har løsnet, da må kreative tiltak til. Jeg gikk inn i en butikk i

Nairobi sentrum og spurte om jeg kunne få noe tau til kofferten min... Mannen var blid som ei sol, og tau ble det. Etter å ha bundet tykt tau rundt kofferten, var det opp på hodet med den - og av sted gikk jeg. Og hvilken koffert! Folk ropte noen swahili-ord etter meg, pluss det ordet på swahili som betyr "hviting" (som er "msungu"). Jeg synes det var sjarmerende å få et slikt uttrykk slengt etter seg. For meg er det absolutt ikke rasistisk. Det var jo sant, jeg var jo en "hviting", en "msungu", og det er jeg stolt av.

Tog hele natten fra Nairobi til Mombasa
Så var det av gårde med toget. Jeg fikk soveplass på «øverste hylle» i en kupe sammen med fem kenyanere. De var ikke hvite, de var svarte. Da vi ankom Mombasa, var jeg også svart! Vi hadde vinduet oppe for lufting. Det som da skjedde i hver tunnel, var at kullrøyk veltet inn. Dette var jo et godt gammelt dampdrevet tog med kull.

Fra Mombasa til Malindi
Det tok to timer med" matato". Det er en eller annen type bil som kjører når den er overfylt - også på taket. Dette er Kenyas private" busstransport". De kjører alltid alt de orker," gassen i bånn" og speilblanke dekk. Her sitter man på med livet som innsats! Jeg satt inneklemt mellom to muslimer i full burka. Da vi ankom Malindi, stoppet sjåføren utenfor noe som så ut

som en mellomting av en gammel kafé og et lager.

Dette er et hotell
Det var helt mørkt og sent på kvelden. Jeg gikk inn og spurte om de visste om noe overnattingsmulighet noe sted. Her var smilet på plass og han sa: "This is a hotell" (dette er et hotell). Han ga meg et rom i bakgården. Alt var helt mørkt, og katter og rotter løp over alt. Vann var sjelden vare, rent vann fantes ikke! Temperaturen var så høy at jeg ble nok et par kilo letter etter nattens varme.
Før jeg la meg var jeg inne for å ta en kopp kaffe. Men det ble en lokal te-variant som kalles chai i stedet. Det var sukker og te, mye sukker. Sukkerskålen på bordet var overfylt av maur. Rådet de ga, var bare å slå koppen i bordet til mauren sank til bunns. Da tok jeg sukker til teen. Etter teen var det «god natt».

Kakkelakker over alt
Da jeg våknet neste morgen og skulle stå opp, skvatt jeg til. Da jeg satte foten ned på gulvet, tråkket jeg på noen harde klumper. Jeg kikket ned, og så at hele gulvet var fullt av kakerlakker. Jeg fikk til slutt kommet meg inn i det de mente var en dusj. Det er en historie for seg selv. "Dusjhodet" var en gammel rusten vannkran høyt der oppe. Det var ikke mange dråpene i

minuttet som kom ut av den. På veggen hang firfislene og så på meg.

Klar for å vinne mennesker for Jesus og helbrede syke og hive ut demoner i Jesu navn

Malindi, Afrika
Malindi var et spesielt sted å komme til. Byen var dominert av hinduer og muslimer. Det var også andre religioner representert der, men hovedtyngden var på islam og hinduismen. Her var det mennesker som var kommet fra alle verdens hjørner opp gjennom generasjonene. Også fra Europa, spesielt Portugal. Jeg hadde ikke planlagt noen møter der i byen, jeg var bare på en liten undersøkelsestur. Men møter ble det. Siden jeg ikke hadde noen kontakter i denne byen, så måtte Herren skaffe meg det - og det gjorde Han.

Den fattige familien
Dagen etter traff jeg en familie som var kristne og fattige. De eide ingenting. Jeg ble med dem hjem, og de skulle lage festmat til meg av det lille de hadde. De hadde noen shilling, så de løp og kjøpte et hvitt brød og noen bananer. Nå ble det fest! Jeg fikk chai (te) med masse sukker, hvitt brød og banan. Chai-blandingen sto og småkokte på åpen ild. Bare jeg fikk hvitt brød. De var også forsiktige med å spise banan. De hadde ingenting, gjesten skulle få det lille de

hadde! Senere på dagen dro jeg på handletur - og kjøpte mange kilo ris, en del kjøtt og grønnsaker. Dagen etter ble det virkelig fest for konger. Fruen i huset lagde middagen. De spiste så de nesten sprakk, og det var ikke bra for magene. De hadde ikke spist annet enn en type gress på lenge. Men gleden var stor. Jeg kjøpte inn så mye til dem, at det ble mat i lang tid fremover.

Nå skulle det bli møter
Vi fikk tak på et høyttaleranlegg og annonserte med jungeltelegrafen. Dette var som sagt en by med overvekt av muslimer og hinduer. Men en del buddhister og noen helt få kristne var det også. Byens lege, en ung mann, ble frelst først. Han ble med i arrangørkomiteen med en gang. Den besto av legen - og mine to nye venner, mannen i huset og hans svoger. De var så stolte av at de hadde fått det ærefulle oppdraget. Enda mer stolte ble de da de skulle tolke meg fra engelsk til swahili.

Møter på hoved-busstasjonen
Det ble fire dager med møter. Deretter hadde jeg møter en uke for dem som var blitt frelst. Folk av forskjellige religioner, syke og plagede av demoner, de var her alle sammen. Jeg forkynte med tittelen «Forbannelse eller velsignelse, fra Satans makt til Guds makt». Mange ga sine liv til Jesus allerede i første møtet. Den første helbredelsen som skjedde, var også det første

miraklet som noensinne hadde skjedd i denne byen.

Det første miraklet noensinne - blind mann fikk synet tilbake
Det var en mann som var fullstendig blind, han fikk sitt fulle syn tilbake! Mennesker skrek, de gråt og danset. Enda flere ville gi sine liv til Jesus.
Demonene kom ut med høye skrik. Jeg verken tok på dem eller utfordret demonene i dem, de kom bare enkelt ut i Jesu navn. Jeg hadde inntatt territoriet for Jesus. Den Hellige Ånds kraft hadde makten. Her var det ikke snakk om salvelse til det ene eller det andre, her var det ikke snakk om hvilken tjeneste du hadde. Det eneste det her var snakk om var «vil du ha Jesus som Herre». Etter hvert lurte folk på akkurat dette, og da ga jeg ett svar og ingenting annet. Jeg sa: «Jeg er en Jesu Kristi disippel, og Jesus ga disiplene autoritet til å helbrede syke og kaste ut demoner. Derfor skjer dette i mengder i møtene her». Da ble de stille.

Religiøs motstand - den tyske misjonæren
En tysk misjonær sto litt i utkanten av folkemengden og fulgte nøye med. Han likte ikke meg. Jeg fikk høre via omveier, at han sa jeg ødela for hans misjon. Religiøs motstand kan komme fra alle religioner, inklusiv den kristne.

Møtene forsatte og ble sterkere og sterkere etter som dagene gikk. Det er seier i Jesu navn.

Satan og demonene vet de har tapt, men gir seg ikke
De er som barn i trassalderen som tror de kan gjøre det de vil - men vet de ikke kan. De sier" jeg vil, jeg vil, jeg vil." Men den går ikke. Jesus Kristus har seiret for oss. Hele åndeverdenen skjelver hver gang en gjenfødt troende av Kristus Jesus står frem **i tro med Åndens kraft!** Herren vil vi skal leve familiært med den åndelige verden.

Ikke polerte forkynnere - men krigere i ånden
En ting er å ha **kunnskapen** om det, i den grad det er mulig uten å ha **kjennskap** til den. Men det er den personlige kjennskapen, gjennom utfordring og overgivelse gjennom et liv i disiplin og lydighet, som gjør at man med trygghet kan bruke de redskapene som Herren har gitt oss i Sitt skrevne Ord, Bibelen. Det er mange som prater om å ha det ene og det andre, uten at det finnes noe hold i det de sier.

Med Jesus som Herre er alt mulig
Det er de som Kristus er hele livet for, og ingenting annet, som vil seire i Jesu navn. Et liv. ikke bare med **prat** om et overgitt liv, men **med et overgitt liv,** som andre vil se og forstå. Ord er billige, det er **livet** som må gis. Det kreves

åndelig/fysisk trening og forståelse av aktuelle samfunn, samtaler og bønn, for å komme til dette punktet. Men det er mulig. Dette kan dere lese om i boken min «Be igjennom - bønn på dypet».

Det jeg her har kommet med av eksempler fra mitt eget liv og tjeneste, er hva åndelig krigføring er.

Kapittel 17

Sudan-underet

Jeg fortsetter med eksempler på åndelig krigføring fra min tjeneste for Herren.
Så reiser vi til Sudan. Flyet var flere timer forsinket før avgang fra Nairobi, Kenya. Jeg ventet på Sudan Airways. Det kom til slutt, og jeg var på vei til Juba. Kapteinen sa tydelig og klart over høyttaleren: «Velkommen om bord, vi er på vei til Juba - hvis Allah vil». **Seieren vår ligger i at vi vet hvem vi er i Kristus**, så jeg bare slappet av.

«Her kan det ikke bli noen møter - borgerkrigen har startet»
Dette sa Benjamin til meg ved ankomsten til Juba. Det var litt av en vantroens velkomst! Jeg hadde ikke reist denne lange veien for ingenting. Jeg sa til Benjamin: «Møter skal vi ha, nå gir vi konsentrasjon til Herren, vi begynner å faste og

be. Gud skal åpne dørene gjennom Sitt levende
Ord som vi representerer».

"Dørene går opp på underfullt vis"

1
Vi fikk låne et muslimsk kultursenter å ha møter
i. Det var åpent ut i friluft på hele den ene siden
og var bygget som et stort amfi. Amfiet kunne
nok romme 1000 mennesker.

2
Vi fikk låne en bil med høyttaler på taket. Noen
skulle kjøre rundt og avertere møtene vi ville ha
i 3 dager.

3
Den muslimske radiostasjonen i byen averterte
møtene for oss - gratis.

Nå var jeg klar til å forkynne evangeliet om Jesus
Her var en fysisk borgerkrig i gang. Nå var også
den åndelige krigen i gang - som igjen ville gi
resultater i den fysiske verden. Jeg ber alltid til
Herren om ledelse av mine skritt før jeg reiser
hjemmefra. Jeg ber også om Guds beskyttelse
for dem som er med meg, og over meg selv.
Fullt gjennombrudd er det hver gang.

Virkelig åndelig krigføring
Ubibelsk aktivitet, uten resultater, er kun for kjøttets tilfredsstillelse. Så her snakker jeg ikke om noe" kriging i ånden" med skrik og hyl, "soaking på madrasser", "fødselsbønner", "krigstunger", "Jeriko-marsjer" osv. Her er det snakk om **enkle, tillitsfulle samtaler med Herren** - og **troens handling i lydighet på Hans Ord** der budskapet er ment å proklameres. Dette er åndelig krigføring. Og seieren har vært et faktum i 2000 år. Våg å tro det - så vil du se resultatene.

Til møtet på motorsykkel
Jeg var alene på denne turen til Sudan. Eller rettere sagt, det var Herren og meg. Dagen etter ankom jeg til møtet på motorsykkel med Bibelen under armen. Jeg var veldig spent på om det var noen mennesker i det hele tatt som hadde møtt opp. Til min store overraskelse hadde noen hundre funnet veien.

Da var det bare å klemme i vei og preke
Dette er krig i ånden. Jeg forkynte syndens inntreden i verden, virkningene i tiden etter - og forsoningen i Kristus Jesus. Så var tiden inne for bønn for de syke, før frelsesinvitasjonen. Jeg ba en troens frimodige bønn til helbredelse. Etter bønnen ba jeg dem som var blitt helbredet, om å komme frem og fortelle hva Jesus hadde gjort for dem.

Sannhetens øyeblikk, seieren skal trekkes inn

Da var det plutselig helt blikk stille i hele hallen. Man kunne nærmest høre de slipte kniver for angrep. Muslimene satt og stirret på meg. Ingen kom frem ... Jeg gjentok invitasjonen til å komme ned og fortelle hva Jesus hadde helbredet dem fra, etter min enkle bønn. Det var like stille, ingen kom frem ... Jeg gjentok for **tredje** gang invitasjonen. Etter nok en lang stillhet, kom en kvinne frem. Hun fortalte hun hadde hatt sterk migrene i alle år. Men da jeg ga den **tredje** invitasjonen til å komme frem og fortelle, forsvant migrenen som dugg for solen, fortalte kvinnen! Da kunne jeg senke skuldrene og løfte hodet. Seieren hadde vært der hele tiden, men ikke i det **synlige** - før nå. Den første krigen i ånden var dratt seirende inn.

«Jetfly» med frykt - åndskamp - min eneste reelle åndelige kamp

I prosessen med helbredelse og mine 3 gjentagelser i møtet, hadde jeg det som er den eneste reelle åndskamp. Nemlig: Enten aksepterer jeg **Kristi seier** i det skrevne Guds Ord, Bibelen - eller så aksepterer jeg det som frykten vil jeg skal akseptere: **Omstendighetenes** fysiske bevis. «Jetflyet» med frykt-plakat på spissen, kom imot meg med overlyds hastighet. Idet det skulle treffe meg, dukket jeg - og den fløy over. Frykten var ikke akseptert, **Guds skrevne Ord** var akseptert som den **eneste virkelighet!** Nå kom det også til uttrykk i det fysiske.

Seieren var vunnet i ånden - nå ble den manifestert i legemet
Da kom flere og fortalte at de var helbredet fra sykdommer. Etter vitnesbyrdene ble det invitasjon til frelse. Mennesker strømmet frem for å gi sine liv til Jesus. Slik fortsatte det de 3 dagene møtene varte. Jesu seier var kommet til Sudan. Dette var en historisk seier.

Flyturen fra provinshovedstaden Juba, Sudan
Jeg hadde fått forbud om å forlate landet, etter borgerkrigens oppstart (dette var i 1979). Men jeg kunne jo ikke bli der, og måtte komme meg av gårde på en eller annen måte. Etter at siste møte i Juba var ferdig, hadde mine venner fått kontakt med postflygeren. Han fløy post for forskjellige organisasjoner som arbeidet i Øst-Afrika. Han kom flygende inn tidlig på morgenen og sa han kunne fly meg til Nairobi, Kenya - hvis jeg kunne komme meg om bord i flyet til avtalt tid og kjøpe et fat drivstoff. «Det skal jeg greie», sa jeg.

Matforgiftning
Mine venner fikk meg til å spise mitt første måltid mat på en uke før jeg dro. Det var noe innvollsmat - som jeg absolutt ikke skulle ha

spist. Tiden nærmet seg for meg til å lure meg over gjerdet og ut på flystripa til flyet. Jeg kom meg over gjerdet med min lille bagasje i en håndveske. Piloten hadde startet motoren klar for avgang, og han ventet bare på meg. Jeg løp ut på rullebanen og kom meg inn i flyet. Da ga han full gass, klarerte med tårnet og av sted med oss! Vi skulle fly over Uganda hvor Idi Amin på den tiden styrte, og videre ned til Nairobi, Kenya. Da vi kom over Uganda, likte ikke Idi Amin dette, så vi måtte gå så høyt vi kunne med en kabin som ikke var trykkabin. Det ristet og skaket i hele flyet. Omsider kom vi inn i kenyansk luftrom - da fikk vi besøk på siden av flyet - av det kenyanske luftvåpenet. Vi ble beordret ned på en militær flyplass, fordi vi ikke hadde meldt vår ankomst.

Til forhør i 2 timer hos det kenyanske flyvåpenet
Det var fullt forståelig med et avhør. Vi hadde kommet uanmeldt inn i Kenyas luftrom. Det var en meget ubehagelig opplevelse, fordi jeg var så syk av matforgiftning. Da er det ikke lett å stå rett, som de kommanderte meg til.

Sudan - Be om regn
Jeg fikk også hatt et friluftsmøte i Juba. Folket ropte at jeg måtte be for syke. Da jeg sto der og skulle si litt før forbønn, ropte en muslim til meg: «Hvis denne guden din lever, be om regn!»

Så da måtte vi be om det. Jeg hadde aldri bedt om regn før, men jeg var klar. Før jeg fikk bedt, begynte de afrikanske brødrene å be (heldigvis). De ba! Jeg kan fortelle deg: Det svartnet til over himmelen - og **regnet kom!** Her snakker vi ikke om norsk regn. Dette var afrikansk regn av den mer gedigne typen. Lynet flerret over himmelen. Heller ikke det etter norsk standard, men skikkelig av den afrikanske typen. Det var et voldsomt regn, torden og lyn som jeg aldri før har opplevd.

Kampen er der ute hvor fienden er, ikke på et bortgjemt bønnerom
Kan du se og forstå hvordan åndens kamp fungerer **i det åndelige** og gir seg uttrykk **i det fysiske?** Dette er ikke noe som foregår bortgjemt på et" bønnerom." **Det skjer der ute hvor fienden er.** Dette må forstås og gjøres. Det er her de fleste rygger ut. Her kreves det at du reiser deg og tror Herrens Ord. Tror du Herrens Ord, så **adlyder** du misjonsbefalingen. (Mark 16,15) Enten reiser du ut selv, eller finansierer dem som gjør det. Dette er enkelt og uten noe" jåleri". Jesus gjorde det som måtte til, og vi bringer dette budskapet ut dit det skal, på den måten Han ba oss bringe det ut.
Dette er åndelig krigføring.

Spesifikke oppgaver for Herren er åndelig krigføring.

De spesifikke oppgavene er ene og alene å
adlyde Kristi befaling.

" Gå ut i all verden og forkynn evangeliet for all
skapningen." (Mark 16,15)

Dette verset står flere ganger i Det Nye
Testamentet, dog med litt variasjon. Det kommer
av at forfatterne er forskjellige. Dette er
"menighetens" (eklesias) eneste oppgave. Her
må det skje en total forandring, i forståelse og
lydighet, slik at denne jobben kan bli fullført
raskest mulig.
**Den åndelige krigføring starter ikke før du er
ute i feltet, for å nå den unådde delen av
verden.**

Jan Ernst på TV

30 år senere, så jeg min misjonærvenn Jan Ernst
Gabrielsen bli intervjuet på TV om Sudan. Det
var han som fikk meg til å reise til Sudan første
gang. Jeg har ikke vært i landet siden den
gangen. Plutselig så jeg altså på TV at Jan Ernst
hadde møter i det samme muslimske
kultursenteret som jeg hadde hatt møter i. Da
fortalte han at etter disse møtene jeg hadde hatt,
brøt vekkelsen ut over Sudan - og 460
menigheter hadde blitt grunnlagt de siste 30
årene.

Dette er den åndelige krigførings frukter - båret av Jesu forsoningsverk på Golgata.

Kapittel 18

Plogspiss-tjeneste

Og Han sa til dem: «Gå ut i all verden og forkynn evangeliet for all skapningen!» (Mark 16,15)

Alle som skal være plogspisser i befalingens tjeneste, må ha hjerte som en djerv stridsmann fra oppstarten. Vi leser videre i Markus 16,16 (og ut kapitlet), så ser vi hva vi må trenes til å utføre. La oss se på oppgavene:

Gi det levende Ordet
Vi må gi det levende Ordet, i utgangspunktet det skrevne Guds Ord. Det må komme" levende og virkekraftig" ut av oss, til dem som hører. (Heb 4,12) Når du forkynner det du tror, med full overbevisning, skaper det tro i dem som hører deg. Den usynlige, åndelige virkelighet som du proklamerer, skaper troen i tilhøreren. Herren har lagt alt til rette for tilhøreren, bare du er klar.

"Alt har Gud gjort klart i Sin tid, også evigheten har Han lagt ned i menneskenes hjerter, men ikke til fulle, så vi skal forstå det verk Gud har gjort fra begynnelsen til enden." (Fork 3,11)

"For av nåde er dere frelst, ved tro, det er ikke av dere selv, det er en Guds gave" (Ef 2,8)

Dåpen med full neddykking
Dåpen er en naturlig følge, enten gjort av deg eller andre som tar ansvar. I Romerbrevet underviser Paulus om dåpen. Jeg tar med to vers:

" Eller vet dere ikke, at alle vi som ble døpt til Kristus Jesus, ble døpt til Hans død? Vi ble altså begravet med Kristus ved dåpen til døden, for at liksom Kristus ble oppreist fra de døde ved Faderens herlighet, så skal også vi vandre i et nytt liv." (Rom 6,3-4)

Disse tegn skal følge dem som tror
Dette er i utgangspunktet en oppgave vi alle skal ha - og utføre. Der det er en mulighet, skal vi gjøre det i vårt daglige liv. Men det er også i Bibelen gitt oss tjenestegaver med spesielle oppgaver. Det utelukker absolutt ikke de troende i denne tjenesten. De skal drive ut onde ånder og de skal tale med tunger. Tungetalen er Den Hellige Ånds bønnespråk. Tungetalen er ikke dåpen i Den Hellige Ånd. Åndsdåpen er **kraften**. Dåpen i Den Hellige Ånd er **kraft** for tjenesten.

(Apg 1,8) (1 Kor 14,4.14) Her har vi kraften til å drive ut de onde ånder, og tungetale til oppbyggelse og samfunn med Gud Fader, Jesus Kristus og Den Hellige Ånd.

"De skal ta slanger i hendene, og drikker de noe giftig skal det ikke skade dem. På syke skal de legge sine hender og de skal bli helbredet." (Mark 16, 18)

Situasjonen med slanger er vel ikke så ofte man kommer ut for, men det kan skje. Jeg har vært i nærheten av det, men nødvendigheten av å ta dem i hendene har ikke vært der. Men beskyttelsen er oss lovet. Skulle vi få i oss noe **giftig**, er vi lovet beskyttelse mot det. Kanskje har vi blitt beskyttet nettopp fra noe giftig uten å vite det?

Legg hendene på de syke - og de skal bli helbredet
Det står ikke engang vi skal be for dem, men **legge hendene på** de syke og de skal bli helbredet:

"Sannelig, våre sykdommer har Han tatt på Seg, og våre piner har Han båret; men vi aktet Ham for plaget, slått av Gud og gjort elendig. Men Han er såret for våre overtredelser, knust for våre misgjerninger (synder), straffen lå på Ham for at vi skulle ha fred, og ved Hans sår har vi fått legedom." (Jes 53, 4-5)

I min tjeneste for Herren legger jeg aldri hendene på mennesker, for det er rett og slett for mange til å rekke over alle. Derfor ber jeg fellesbønn for alle syke - og resultatene uteblir ikke.

Plogspiss-tjeneste er for alle troende
Plogspiss-tjenesten i Markus 16,15 og utøvelsen av den (les hele kapitlet), er for alle troende. Det er ikke rom for annen teologi. Her har mange gått utenom, med unnskyldninger, og hevdet at andre ting er mer viktig. Et hvert felleskap av troende, skal ha dette som hovedoppgave.

Adlyd hovedoppgaven - og bli sterk
Uten å ha denne hovedoppgaven som nummer 1 - vil vi aldri kunne bli sterke kristne i vårt åndelige og psykiske liv. Det er umulig. Oppbyggelsen av oss, sjelelig og åndelig, starter og går i balansert retning først når **vi adlyder Kristi befaling.** Vil du vokse åndelig og sjelelig, så start med å adlyde befalingen! Finn din plass slik at den blir utført.

Kan du se det? For å komme inn og fungere i et normalt kristenliv og krige i ånden, må livet legges ned for Kristus. En virkelig **omvendelse,** og videre **troens vandring,** må til. Du må inn i oppgavene, du bestemmer. Gjør du ikke dette, kommer du aldri noen vei.

Troendes tegn!

"Og disse tegn skal følge dem som tror…" (Mark 16,18)

Fra gresk lyder denne uttalelsen annerledes. Hør på dette: "Disse tegn skal følge de **troende**."

Ser du, en helt annen mening. Tegn skal **følge** de som er **troende**. Hvem er de troende? Det er de som har blitt frelst (reddet), født på ny og er nye skapninger i Kristus Jesus. De som har omvendt seg til Kristus, slik at alt det gamle kjøttets natur er bak. Foran er den nye skapningen med alle dens muligheter i Kristus Jesus. Herifra starter vandringen - som en troende, med tegn som følger. Tegnene har jeg allerede nevnt. Det er utdrivelse av onde ånder, dåp i Den Hellige Ånd og ild. Drikker du noe giftig skal det ikke skade deg, tar du slanger i hendene, skal heller ikke det skade deg. Du skal legge hendene på de syke og de skal bli helbredet. Her har du altså den troendes tegn.

Den troendes vandring starter innover
Du begynner å avlegge kjøttets gjerninger fra begynnelsen av ditt kristenliv. Dette gjøres da i henhold til Bibelen, i samarbeid med din

samvittighet som er koblet til din ånd. Adlyder du Bibelens Ord og din samvittighet, er din vekst i gang. Det er **troens lydighet mot det skrevne Guds Ord som gjør forvandlingen.**

Ditt ansvar for verden - er deg selv
I den grad forvandlingen skjer med deg innad, i den samme grad vil Guds styrke vokse i deg. Den styrken du har i deg, er den samme styrken du kan bruke utad til hjelp for andre mennesker. Du kan aldri gi mer til andre enn det du har i deg selv.

På kampens marker verden over - som "en troende med tegn"

Fase 1
Når din åndelige og sjelelige vekst har kommet godt i gang som beskrevet, er du klar for neste skritt.

Fase 2
Ut til de unådde med evangeliet, som en troende med tegn. Når du nå har kommet ut på kampens marker, har du allerede vært i åndens kamp for å komme ut dit. Planlegging skal gjøres, penger skal skaffes, kontakter skal skaffes osv.
Nå er det neste fase...

Fase 3

Alt er klart for deg til å proklamere budskapet med tegn på kampens arena. Nå skal tegnene bevises - gjennom ditt liv. **Nå skal det bevises at Kristus er oppstanden - gjennom ditt liv.** Her vil du møte mye motstand. Du vil oppleve at ting ikke fungerer som det skal, og det blir en del nederlag. Men du vil også oppleve mange seiere. Dette er en del av din videre vekst i ditt åndelige og sjelelige liv. Se ikke på disse tingene som noe som bryter deg ned, men **se på det som redskaper som gjør deg sterkere.** Herren vil slipe deg til det beste redskapet du kan være i Guds rikes tjeneste.

Kapittel 19

Han har satt foran meg en åpen dør, ingen kan lukke den til (Åp 3,8)

Jeg reiste ut over hele verden med evangeliet om Jesus Kristus - i tro til Herren. Det var liten forståelse å møte når det gjaldt denne type misjonsvirksomhet, bortsett fra noen få venner. Men det holdt. Jeg så raskt viktigheten av å bli grunnfestet i Guds Ord. Det er **Kristus** vi tjener og som vi står til ansvar for, ikke mennesker. Dette forsto jeg raskt, og handlet deretter.

Rapportene ble tatt imot med skepsis
De ble ikke alltid trodd disse rapportene jeg kom hjem med. Det ble liksom litt for mye av det gode for folk i menigheten. Ja, det var jo vantroens vesen. Men det gode er at **vi skal stå til regnskap for Gud, ikke for mennesker.** Som 30-åring hadde jeg allerede flere års

tjeneste i Asia og Afrika og opplevd Guds mirakuløse tilstedeværelse på korstog jeg hadde, med opp til 100 000 på enkeltmøter.

Åndskamp 24 timer i døgnet, hjemme og ute
Det er ingenting av dette som gjør seg selv. Man må satse målbevisst for Herren, tro Hans Ord, tro at Han leder. Tror man det, så legger man opp løpet etter det man tror. Økonomi må skaffes, ofte store summer. Jeg har selv dekket mesteparten av mine utgifter ved hardt arbeid i alle år. Dette krever sitt, ved siden av alt som må gjøres med utbredelsen av evangeliet. Man blir automatisk uglesett og mistrodd av vantroens folk. De som ikke har hjertet og troen i det fulle evangeliets kraft, er de som da blir motstandere av forsoningsverkets proklamasjoner. Der motstanden blir satt sterkest inn, er overfor dem som adlyder befalingen til å nå verden med evangeliet. Det som er Guds jobb nummer 1.

Flere vitnesbyrd fra verden rundt, som viser den reelle åndskamp:

Motstanden var stor
Det var liten forståelse for det jeg gjorde av andre, derfor liten støtte. Alvorlige sykdommer hadde også begynt sine angrep på meg. Jeg arbeidet mye ekstra for å kunne finansiere alt jeg ville gjøre. Det ved siden av familieøkonomi, var hardt.

Åndskampens mange ansikter

Da jeg endelig kom ut i den tredje verden hvor jeg skulle betjene, måtte jeg finne alt av kontakter jeg trengte selv. Jeg måtte finne steder å ha møter, steder å bo. (Bosteder er et kapittel for seg selv, og jeg har bodd på all verdens utroligste steder, hvor andre ikke ville satt sine bein). Så var det avertering av møtene og så endelig å få satt i gang med møtene. Plattformer bygde jeg også selv ved enkelte anledninger, og satte i stand meget primitive høyttaleranlegg. Plattformene var greie å bygge. Der ble fire tomme oljefat brukt, bundet sammen med tykke reip. Kryssfinerplater, eller andre typer plater, ble lagt på toppen. Da var plattformen klar.
I u-land var det også mange andre utfordringer blant andre religioner. Og okkultisme. Heller ikke alle møter brakte de resultatene jeg ventet. Noen ganger virket det som Gud var langt borte, og folket hånte meg. Jeg ble arrestert, banket opp og steinet. Jeg hadde både gevær og pil og bue foran meg. Drapstrusler kom flere ganger.

"Den som gir seg har tapt" og "hjemmefrontens tvilere"

Men jeg ga meg ikke. Møter kom i gang og det brøt igjennom. Mennesker ble frelst, helbredet, utfridd fra demoner - og menigheter ble startet. Slik begynte mitt liv som kristen. Og slik fortsatte det. Da jeg kom hjem igjen og fortalte med begeistring om alt jeg hadde opplevd, trodde mange av de kristne at jeg løy. Dette hadde de ikke vært borti tidligere, at Gud virket på en slik kraftig måte til helbredelse, utfrielse og til menneskers frelse. Det var motstand på alle mulige måter og fronter hele veien. Men jeg ga aldri opp.

Hva skjedde med meg i denne prosessen? Den åndelige krigeren ble sterkere! Jeg valgte å gi Gud rett i alle ting. I prosessen var det ingen menneskelig stimulans å spore, men menneskelig motstand og negativitet var det mye av.

1
Mitt Fundament i Herren og Hans Ord ble sterkere
Det første som skjedde med meg i denne prosessen, med minimal respons og støtte fra andre trossøsken: **Røttene søkte i dybden der det var levende vann!** Det som skjedde var at røttene festet seg grundig. De festet seg så grundig at det ble umulig å rive dem opp. Denne prosessen gjorde meg sterk i Herren, da jeg til enhver tid måtte klynge meg til Bibelens Ord og stole på det.

2
Lyset i Ordet ble klarere
Den andre tingen som skjedde, var at gjennom alle mine praktiske opplevelser i tjeneste for min

Herre Jesus - var at jeg fikk førstehånds praktisk kjennskap til den guddommelige åpenbaringen av Skriften. Jeg var der og kjempet - var der når det skjedde. Jeg var i tjenesten - og ble sterkere. Lyset i Ordet ble klarere. Åpenbaringene brant seg fast i meg. Jeg ble mer avhengig av og glad i Gud Fader, Jesus min Frelser og talsmannen Den Hellige Ånd. Mer enn noen sinne. Og mer trygg og sikker - og kunne med frimodighet si: «Jeg vet på **Hvem** jeg tror». Manifestasjonen av Kristus i meg, begynte å vokse. Det er med stor begeistring å se Kristus vokse i en. Det å se Guds Sønns karakter og natur vokse frem. Dette er en stor Guds nåde.

Mitt første møte med Satan og onde ånder i Afrika

Da jeg hadde jeg vært frelst i 3 år og fortsatt bare var en ung gutt (22 år), hadde Herren allerede undervist meg mye gjennom praktiske erfaringer og studier av Bibelen, om helbredelses- og utfrielsestjeneste. Så på en måte var jeg litt forberedt for mitt første møte med Afrika. Året var 1976, og det aller første møtet i Afrika hvor jeg skulle tale, var i Meru (Kenya). Dette ble starten på min verdensvide tjeneste, som ikke stopper før jeg reiser hjem til Herren (eller Han kommer igjen).

Kapittel 20

Ilddåpen i tjenesten

Jeg gikk ut på plattformen, det var nok rundt 1000 mennesker til stede. Jeg kunne jo ikke preke, men hadde laget en liten «preken» jeg kalte: «Kraften i Guds Ord». Jeg talte så godt jeg kunne. Etter talen ba jeg for alle syke på en gang. Da, uten varsel, begynte de onde ånder å manifestere seg i mennesker rundt i folkemengden. Mange ble fri bare ved å være i Den Hellige Ånds nærhet! Og **nær en tro på den kraften** som er i Den Hellige Ånd. Alt på grunn av hva Kristus gjorde for oss på Golgata. Det er visse ting som må være på plass for at manifestasjonene og reaksjonene fra Satan og de onde ånder skal komme.

Aktiv tro på det fullbrakte verket
Aktiv tro på det fullbrakte verket **Kristus gjorde**, er nøkkelen til Den Hellige Ånds tilstedeværelse og manifestasjon. 3 år tidligere

hadde ikke frelsen, eller et liv som kristen vært i min tanke i det hele tatt. Livet mitt hadde sannelig blitt nytt! Etter dette første møtet ble det mange møter rundt om i Øst-Afrika i en hel måned. Over alt skjedde det samme: De onde ånder kom ut uten at jeg la hendene på mennesker, eller ba spesielt for dem. Troen på Den Hellige Ånds krafts nærvær og Guds Ord, Bibelen, brakte resultatene.

"Grunnfestet og rotfestet i Meg"
Herrens virkeligheter ble bare sterkere og sterkere gjennom personlig erfaring av at Bibelens løfter er troverdige og fungerer. I et av møtene med 400 mennesker til stede, ba jeg en bønn for alle under ett. Da falt hele forsamlingen til bakken og onde ånder kom ut av mange plagede. Her kom også de første engleåpenbaringene, som det også har vært en del av. Nå hadde jeg begynt å oppleve noe av Det Nye Testamentets virkeligheter. Og jeg var klar for mer!

Utdypning
Dette er en mer standard åndelig opplevelse ved proklamasjonen av Jesu forsoningsverk. Da kommer gjerne demonene ut før jeg begynner å tale. Det er ikke en demon som kan stå seg imot Jesu Kristi forsoningsverk og med trykk på Jesu Kristi dyre blod. De må ut selv om de ikke vil.

De er som små barn, de vil ikke gi seg enda de vet at de må.

Demonene trekkes til møte kampanjene
Autoritet kommer med **åpenbaringen av det skrevne Guds Ord, Kristus i deg.** I en av mine andre bøker, skriver jeg om autoriteten i navnet Jesus og om åpenbaring. Når jeg har møtekampanjer, er det interessant å se hvordan demonene reagerer. De trekkes til kampanjene som fluer til fluepapir. Jeg får alltid trusler verbalt, fra heksedoktorer og andre som er plaget eller involvert med Satan og demoner. Truslene blir ofte gitt via mine medarbeidere. Trusselbrev har også blitt overlevert på kampanjene, noen ganger direkte til plattformen. Også til hotell jeg har bodd på har slike trusselbrev kommet. Mordtrusler har også dukket opp. Når jeg proklamerer budskapet om **Kristus** på kampanjer, samles de demonplagede alltid bak plattformen (noen få også foran plattformen), jeg aner ikke hvorfor. Jeg har stoppet midt i taler, gått bak plattformen og kastet ut demoner med et enkelt ord, og så gått tilbake og talt videre.

Kan du se hvordan den virkelige åndens kamp er?

Kapittel 21

Vidunderlige Zanzibar
(Mer om åndskampen)

Du blir skutt hvis du reiser ut til Zanzibar
Jeg hadde vært på Zanzibar før jeg skulle ha møter der, jeg måtte ut og kartlegge øya. Kristne brødre på det afrikanske fastland, advarte meg sterkt før jeg reiste ut: «Reiser du dit så skyter de deg! De hater kristne». Men jeg reiste ut og opplevde et fantastisk øyrike hvor freden rådet midt oppe i alle religioner og kulturer. Det var ingen som var ute etter å skyte meg. Det lå noe helt spesielt over øyriket. Jeg fant ut områder som egnet seg for møter og fikk meg noen kontakter til hjelp.

David Livingstone
Jeg skrev også et stykke i kirkeboken som lå i kirken, som er bygget på det stedet slavene ble pisket. (Der alteret lå, var nøyaktig der piskingen

ble utført). Jeg skrev at «David Livingstone var her og fikk avsluttet det fysiske slaveriet, nå er jeg her for å få avsluttet slaveriet i den **åndelige** verden». Krigen var i gang.

Turistministeren

Turistministeren på Zanzibar ga meg et brev David Livingstone hadde skrevet. Det var om hans opplevelse av Zanzibar da han ankom øyriket for første gang. Det var underlig å lese det brevet hans. Jeg hadde også nedskrevet min opplevelse av Zanzibar da jeg kom dit første gang. Brevene våre var nesten helt identiske.

Åndskampen og seirene på de første offentlige møter på Zanzibar

Zanzibars politisjef innkalte meg rett etter ankomst. Jeg tok med et fint silkeslips til ham som gave. Slikt kan gjøre små mirakler. Jeg hadde planlagt møtene midt i Zanzibar by, men ble nektet det. De var redde for opptøyer. De sa: «Hele Zanzibar kan komme i opprør». Vi ble enige om at møtene kunne holdes noe utenfor sentrum. Som sagt så gjort. Først måtte plakater opp, dem hadde jeg trykt i Kenya. Men vi hadde ikke lim til å henge dem opp med, så vi kjøpte tyggegummi. Vi tygde for harde livet for å få den i rett klistervariant. Plakatene hang vi opp på natten. Da jeg var ute for å kikke på resultatet dagen etter, oppdaget mennesker at det var jeg som var på plakaten. Da var steiningen i gang!

Men jeg kom unna etter noen treff. På det første møtet var det rundt 300 mennesker. Mange ga sine liv til Jesus, og mange ble helbredet og satt fri fra demoner.

Demoner kommer ut av muslimer - og de kom om natten for å bli frelst

På det første evangeliske korstoget noensinne på Zanzibar, skjedde det mange spennende ting. Mange muslimer ble satt fri fra demoner. Spesielt i ett møte ble det helt åpenbart for mange. Det var en eldre kvinne der i full muslimsk habitt, og mange så helt klart at demonene forlot henne. Dette er for øvrig også på film. Slike ting som demonutdrivelser og helbredelser skjedde på dagtid under selve møtet. Men muslimene kom helst til møteområdet **om natten for å bli frelst,** så vi hadde vakter som tok seg av dem da de kom. De våget ikke komme på dagen.

Den første offentlige helbredelse i Zanzibars historie: En blind ser

Det er en kvinne jeg vil nevne. Hun kom blind til dette første møtet. Hun fikk tilbake sitt fulle syn under fellesbønn for syke! Hun kom opp på plattformen gledesstrålende og fortale hva Jesus hadde gjort for henne.

Alt ble vist på Zanzibar TV

Alt ble filmet og brakt til Zanzibar TV, som sendte det i beste nyhetstid hver kveld! Nå fikk de se helbredelser, demonutdrivelser og mennesker bli frelst! Og brenning av amuletter som disse hadde fått av heksedoktorer. Denne TV-stasjonen ble sett på Zanzibar, Pemba og hele Tanzania. Jeg fikk også ha eget, direkte TV-program hver dag. Etter min kristne sending, kom det program fra moskeen med muslimene. Denne øya er full av forskjellige religioner og kulturer. Men Jesus vant gjennom det hele.

Misjonærene flyttet ut av frykt

Det bodde noen misjonærer på samme hotell som meg, de flyttet til et annet sted da de skjønte at jeg bodde der. De var redde for at hotellet skulle bli stormet. Det var lite som skulle til for tirre opp religionene der, så jeg måtte være varsom som det ble meg anbefalt.

Kapittel 22

Åndskampens seire har ingen ende

Istanbul, Tyrkia og den måpende forsamlingen
I Tyrkia hvor både Efesus og Antiokia ligger, har det vært kristendomsforfølgelse like opp til våre dager. Vi skal ikke lenger tilbake enn på 70-tallet, da mange kristne ble drept i Istanbul. Da jeg kom til Istanbul, var det gått 15 år siden drapene. (Tidligere hadde jeg hatt hemmelige møter i Ankara, hvor mennesker ble frelst og helbredet). I Istanbul hadde jeg nå fått låne et stort lokale som lå over taket på verdens største "basar", som muslimene kaller det. Det var en slags annen etasje. Basaren var egentlig et gedigent kjøpesenter. Der hadde de en stor, gammeldags markedsplass.

Gud i aksjon - og frykten lyste i de kristnes ansikter

Det var 60 stykker på det første møtet og rundt 100 på det siste. Jeg talte med stor frimodighet som vanlig og ba for syke i slutten av møtene. Mange ble helbredet og løst fra demoner. Det skjedde med høye skrik, rystninger, rulling på gulvet og oppkast. Mange ble også frelst. Det som var det underlige, var reaksjonen til de kristne. Etter å ha sett Gud i aksjon med egne øyne, satt de som skrudd fast i stolene - og ansiktene lyste av frykt.

Er det ikke dette dere har bedt om?

Da spurte jeg dem fra talerstolen: «Er det ikke dette dere har bedt om»? De svarte «ja» til det. Jeg sa: «Nå har det kommet - **bønnesvaret** - og dere er fulle av frykt». Det var også noen amerikanske misjonærer på møtet. De var begeistret. De arbeidet på et sykehus i byen, og var lys i hverdagen. Det var deres evangelisering. De vitnet ikke for noen med ord, men de var lys med livene sine. Nå hadde de sett Jesu seier midt iblant seg, men ville de ta det videre? Det er spørsmålet. **Kraften er virkelig,** men kan bare bæres av dem som er **troende** på Jesus, ikke bare **enige** med Jesus. De som er villige til å bli Åndens krigere. Kan du se åndskampens virkelighet?

De første offentlige møtene i Romanias historie

De aller første offentlige, evangeliske møtene (rett etter diktatorens fall) ble holdt i Sala Polivalenta, Bucaresti. Det var den samme hallen som diktatoren brukte til sine møter. Men nå var jeg her i Jesu navn! Denne salen var stappfull fra første møte, salen tok 5000 mennesker. Den første av mange som ble helbredet her, var landets mest kjente filmskuespiller. Han hadde blitt hjertesyk og kunne nesten ikke bevege seg. Så han ble helbredet og kom opp på plattformen og fortalte at han var blitt helt fin - og han ga sitt liv til Jesus foran 5000 mennesker! Alle i salen visste godt hvem han var, så dette ble et mektig vitnesbyrd til nasjonen.

Det røde salvelakenet

Etter et korstog og undervisnings-seminar jeg hadde i Sentral-Afrika, gjorde jeg noe helt spesielt. Til undervisningen kom det nemlig en pastor fra Burundi, som hadde ansvar for en flyktningleir med 100 000 flyktninger. Han hadde lagt opp møter for meg der, uken etter disse møtene han kom til her. Men jeg kunne dessverre ikke komme dit fordi flybilletten min ikke kunne forandres. Denne mannen eide ingen ting her i livet, og kom reisende uten penger til undervisnings-seminaret med tog på 3. klasse.

Jeg undret meg på hvordan jeg skulle gripe an saken, og ba Gud om veiledning. Og fikk det:

Han kom på 3. klasse uten penger - og reiste hjem på 1. klasse med stil
Jeg kjøpte et rødt laken og en hvit boks spray maling. Der sprayet jeg Jesaja 53,5 og Hebreerne 13,8 på med store bokstaver. På siste undervisningsdagen tok jeg pastoren frem, salvet og ba for ham. Etterpå forklarte jeg så alle hørte det: «Jeg sender med deg dette lakenet hjem, etter at jeg salver og ber over det her i dag. Du skal tale i stedet for meg i møtene. Salvelakenet skal du henge foran plattformen. Alle som berører det vil bli helbredet - og du skal innby til frelse». Da han reiste hjem, hadde jeg kjøpt billetter på 1. klasse på toget til ham med sovekupe - pluss at han fikk en del penger. Så han kom på 3. klasse uten penger - og dro på 1. klasse med stil! «Send meg et brev etter kampanjen ... med de gode nyheter», sa jeg til ham.

De gode nyhetene kommer
Omtrent 1 måned senere kom brevet. Det gikk rett på sak: «Jeg gjorde som du sa. **Alle** som rørte lakenet ble helbredet». Så listet han opp alle ulike sykdommer mennesker var blitt helbredet fra. Videre sa han: «Det var ca 5000 på møtene kveld etter kveld, og alle ga sine liv til Jesus. Nå er vi i gang med et kjempestort

arbeid». Her igjen er det enkelt å se hvordan
Åndens kamp foregår i det åndelige - og **gir
resultater fysisk.**

Krise-regjering, Romania
Da Kjell Martinsen og jeg ankom Bukarest (fra
Jugoslavia) bare timer etter diktatoren var
henrettet, gikk det ikke mer enn ett døgn så satt
vi i nasjonens krise-regjering i
Utenriksdepartements bygg. Der var vi i 2 døgn.
Vi diskuterte nasjonale anliggende med de
forskjellige ministerne. Vi var inne med
toppledelsen i landet, før så mye som en annen
nasjons diplomat hadde rukket fram. Den første
som kom etter oss, var Canadas ambassadør. Vi
ga så mange råd vi kunne på forskjellige felt, og
tok på oss et oppdrag:

Oppbygging av barnehjem
Barnehjems-bygging var det oppdraget vi tok på
oss. I løpet av 3 år hadde vi gjenoppbygd 10
ødelagte barnehjem. Vi ansatte lokale
byggefirmaer, og skaffet alt som trengtes til bad,
sanitær, kjøkken, møbler og alt av hvitevarer fra
utlandet. Total oppussing innvendig og utvendig.
Takstein og takrenner. Bare nevn noe - og vi
skaffet det. **Dette ble døråpneren** for meg til å
få «frie tøyler» til å tale på fotballstadioner og i
de største forsamlingslokaler nasjonen rundt.

Kan du se hvordan kampen i ånden fungerer?

Det er ikke **overnaturlig** overnaturlig, men **naturlig** overnaturlig. Det er alltid hardt. Det må satses alt. Dette fører deg inn i bønn i de aktuelle situasjonene, når du er på kampens arena.

Indisk guru

Etter 2 dager med møter sammen med kriseregjeringen i Romania, ga de muligheten jeg trengte for å komme i gang med forkynnelsen. Det ble etter hvert store møter på fotballstadioner og i innendørs idrettshaller. Det er fantastisk å kunne være med å bringe Åndens kraft inn i ateistiske, gudsfornektende nasjoner styrt av diktatorer.
En uforutsett utfordring dukket opp. En indisk guru, en kvinne, hadde klart å snike seg foran meg. Hun hadde leid en hall som tok 5000 mennesker. Hallen var full av mennesker som ventet, og gurukvinnen kom i en stor flott bil med privatsjåfør. Det var små lys langs hele veien hun skulle gå opp til hallen. På scenen satt rundt 50 av hennes disipler i hvite, lange kapper. Selv satt hun på puter i silke i alle regnbuenes farger. Her satt altså 5000 mennesker, akkurat kommet ut av diktatorens klør, så kommer Satan inn fra sidelinjen med sine tankepiler for å binde opp nasjonen igjen. Jeg kjente i mitt hjerte at dette kunne jeg ikke gå med på.

Naskut de now - Bli født på ny

Det var tittelen på den første boken min som ble oversatt til rumensk. Jeg hadde allerede fått trykt opp 20 000 eksemplarer av den. Terje Westgård, som var min organisator i Romania, hadde ordnet med kristne som skulle stå ved alle utganger til hallen. De hadde mengdevis av denne boken til utdeling da tilhørerne kom ut. Kjell Martinsen og jeg gikk inn og opp bak sceneteppet. Inne på scenen satt alle disiplene til kvinnen, selv satt hun på sine silkeputer. Vi satte oss midt i blant hennes disipler på scenen - og ba til Gud om ledelse videre.

Guruen ga meg mikrofonen

Etter en stund reiste vi oss opp mens kvinnen talte, gikk bort til henne og ba om mikrofonen. Hun ga meg mikrofonen uten å si noe. Jeg spurte om noen i salen talte engelsk, jeg trengte en tolk. En mann kom opp for å tolke og jeg satte i gang å tale til folket. Jeg forkynte **evangeliet** og beseiret Satans brennende piler, som forsøkte å bygge festningsverker. Noen av livvaktene til kvinnen kom så og bar meg ut. Jeg gjorde ingen motstand. Bøkene ble delt ut, seieren var vunnet i Jesu navn. Etter dette var jeg i gang over hele nasjonen med store korstog, og skarene kom til Kristus - og mirakler skjedde over alt. Gurukvinnen kom aldri tilbake. **Åndskamp i Ånden og det fysiske går hånd i hånd.**

Kapittel 23

Over hele verden med evangeliet, og medfølgende tegn og under

Flere vitnesbyrd fra verden rundt:

De døve hører
Døve som fikk hørsel tilbake, var det første jeg opplevde som kristen. Dette begynte å skje bare noen uker etter at jeg ble frelst - og har fulgt meg siden den gang.

Markus 9,25-27:" Men da Jesus så at folket løp til, truet Han den urene ånd og sa til den: Du målløse og døve ånd! Jeg byr deg: Far ut av ham, og far aldri mer inn i ham! Da skrek den og slet hardt i ham, og for ut av ham. Og han ble som død, så de fleste sa: Han er død. Men Jesus tok ham ved hånden og reiste ham opp - og han stod opp. "

Jeg vil gjerne ha dette med slik at vi forstår at sykdommer er demoner, eller onde ånder, urene ånder. **Alt** vi forholder oss til i livet er **av åndelig karakter og styring.** Alt på jorden i den tredimensjonale verden, den fysiske verden, **styres fra det usynlige.** Fra den skjulte verden for det menneskelige øyet, den åndelige verden.

Oslo: De falt i gulvet alle sammen
Jeg husker tirsdagsmøtene på" Ten Centeret" i Totengata (knivstikkergata) på Kampen/Galgeberg i Oslo. Der var jeg og hadde de fleste av ettermøtene, de forsto at Herren hadde lagt noe på meg. Jeg hadde bare vært kristen noen måneder på dette tidspunkt (i 1974). Det var en del mennesker som også ble helbredet over telefonen i denne perioden. Men her på Ten Centeret ba jeg ofte for mennesker til dåpen i Den Hellige Ånd. Alle som var til stede falt i gulvet under Den Hellige Ånds kraft (det var rundt 20 stykker som lå utover gulvet). Dette var en ukjent opplevelse for alle den gangen, men tidligere i historien ser vi at det har skjedd.

Store flammer av ild oppover veggen
Ved en anledning så vi også flammer av ild oppover hele den ene veggen under bønn. Dette var manifestasjoner av Den Hellige Ånd. Det hadde ingen praktisk betydning, men **Herrens nærvær** var der. Er det ikke det vi trenger i full styrke nå?

Haugesund: Gipsen, løgnen og fryktens ånd
Sommeren etter (skoleåret i Sarons Dal) var jeg i Haugesund og Stavanger, etter en kort misjonstjeneste i Antwerpen, Belgia. Her i Haugesund og Stavanger kom jeg et stort skritt videre i tjenesten for dem som var plaget av onde ånder. Den første som ble satt fri var i Haugesund, en voksen mann. Jeg kunne se frykten i øynene hans og i hele hans atferd. Han hadde gipset venstre arm - og den gipsen hadde sittet på et helt år! Av frykt våget han ikke å ta den av. Han trodde at armen var råtnet opp under gipsen. Det luktet forferdelig av ham på grunn av dette. Han hadde med seg en sprayflaske med god lukt som han sprayet på, så lukten ikke skulle kjennes. Etter å ha ledet ham til Kristus, var det fryktens tur til å forsvinne. Jeg forsto at **nøkkelen til hans frihet** var fra **løgnens ånd**, som fortalte ham at armen var råtnet opp. Dette hadde igjen fått ham bundet av fryktens ånd.

Vi ble enige om at jeg skulle fjerne gipsen inne på badet - med lyset slukket. Han våget ikke å se på, så dette ble løsningen. Som sagt så gjort. Jeg tok av hele gipsen der i mørket. Da den var fjernet, slo jeg lyset på og tok armen hans opp så han fikk se. Han lukket øynene og nektet å se. Men etter en stund åpnet han øynene og så på armen. Da han så armen var helt i orden, forlot løgnens- og fryktens ånd ham. Jeg avsluttet utfrielsen med en besegling av friheten i Jesu navn. Her var det ikke nødvendig med voldsomme bønner, men rett og slett en avsløring av Satan og en aksept av det. Da var friheten et faktum. Jeg lærte tidlig at utfrielse fra onde ånder kan skje på mange forskjellige måter under Den Hellige Ånds påvirkning i Jesu navn.

Utdypning
I dette tilfellet var det ikke behov for utdrivelse av demonen. Den ble **avslørt** da **sannheten ble åpenbart**, og den gikk. Personen må selvfølgelig i ettertid bli bevisst i Herrens virkelighet, og gjennom Hans Ord angående saken, holde seg til det. Hvis ikke kommer demonen tilbake, gjerne i en annen forkledning - og inn på et annet svakt punkt.

Stavanger: Satantilbedere
Her kom jeg første gang i kontakt med satantilbedere. En ung kvinne som hadde vært i et satanistmiljø der i byen i noen år, kom til meg. Hun sa hun hadde vært satantilbeder og ønsket å bli fri fra det. Dette igjen var en helt ny opplevelse for meg. Vi ble enige om å møtes på en parkeringsplass samme kveld. Dette var på høsten 1975, mørket hadde allerede satt inn da jeg kom til parkeringsplassen.

Flammeringen
Det var lite biler på parkeringsplassen og det var helt stille. Plutselig dukket den unge kvinnen

opp og jeg gikk henne i møte. Uten varsel kom en flammering rundt henne og meg! Den hadde en radius på rundt 4 m ut fra der vi sto og var omtrent 30 cm høy rundt det hele. Vi var på en måte fanget innenfor denne flammesirkelen! Jeg forsto at Satan forsøkte å nå meg med frykt. Men jeg befalte flammeringen å forsvinne i Jesu navn - og den forsvant øyeblikkelig!

Demonutdrivelse
Vi gikk deretter av sted til et lokale hvor en venn av meg ventet, og vi skulle be for kvinnen der. Dette var første gang jeg skulle gjøre det. Jeg gikk rett på sak og befalte de onde ånder å komme ut. Kvinnen falt øyeblikkelig i gulvet og talte fremmede språk. Jeg gjenkjente noen av språkene hun talte. Satan prøvde å slite meg ut ved å si at han gikk, men så var han der likevel. Men vi ga ikke opp. Så etter noen timer var kvinnen fri. (Jeg kunne si mye om utøvelsen av en utfrielsestjeneste på en mer utfyllende måte, men det får jeg ta senere).

Utdypning
Her ser vi spesielle overnaturlige ting manifestere seg. Flammeringen var en helt konkret og spesiell manifestasjon, som lett går i Jesu navn. Dette er manifestasjoner som ikke er **i** mennesket, men **utenfor**. Derfor er den enklere å ta hvis den som utfører dette er grunnfestet i

Ordet, i Ånden - og lever overgitt til Kristus i erfaringen av det overnaturlige. Gjør man det, så kjenner demonene vedkommende personer og **Kristus i dem** - og går.

Saken er jo å **leve et overgitt liv i en levende tro til Kristus.** Demonen «pyton» i kvinnen med spådomsånden, visste at slaget var tapt, men ønsket kun å vise litt profil. Demonene i heksedoktorlederen på Zanzibar, ble meget overrasket. De hadde ikke regnet med å få Kristi kraft rett inn i det dypeste rommet for demonene på øya.

Fremmede språk
Vi vet at i psykiatrien er det mange forskjellige uttrykk på psykiske lidelser. En av dem er schizofreni. Her oppleves at personen kan ha flere personligheter. Hver av dem kan åpenbare seg med sin egen type adferd, personlighet, språk og lyd. Det er også mange andre psykiske uttrykksformer gjennom pasientene. Jeg har arbeidet i mange år i somatisk og psykiatrisk. I møter ved innkomst- og utskrivelse med psykiatriske pasienter, er vi alltid lege, psykolog og sykepleier.
Disse usynlige sykdommer er et **mysterium** innen psykiatrien. Det gjøres så godt som det er mulig for å **mildne** ned uttrykkene av den psykiske lidelse for pasienten, men med små resultater. Disse pasienters liv er en lidelse.

Det er helt klart å se at **Guds visdom**, grunnlagt på det skrevne Guds Ord, er den **eneste løsningen** her. Det kommer ofte frem i møter med pasientene. Det gir klarsyn og enkelhet når man ser det hele fra Guds side. Ved mange anledninger på sykehuset oppleves manifestasjoner av demoner. Jeg ser uten tvil at det er demoner som er årsaken. Det være seg blant schizofrene og psykiske lidelser forøvrig. Det kom også klart til utrykk i kvinnen som var aktiv satanist i Stavanger.

Satantilbederne: De døde får liv
Så tilbake til Stavanger, der skjedde det neste. Plutselig kom flere menn inn døren og sa med monoton stemme: «De døde får liv». Da reiste kvinnen seg opp og løp bort til dem, og de gikk av sted. Jeg ventet litt, men gikk så etter, og tok dem igjen litt lenger nede i gaten. Da sa en av satanistene: «Har du ild?» Jeg svarte ikke på det, men la hånden på kvinnen. Hun falt rett i bakken. Da løp satantilbederne! Jeg løftet kvinnen opp. Siden den dagen har denne kvinnen vært frelst.

På radioen

Det ble mange slike opplevelser på denne tiden. Jeg ble ledet fra oppgave til oppgave. En gang sto det en dobbelside om satantilbedere i avisen

VG. Etter å ha lest artikkelen, snakket jeg med en lokalradio i distriktet hvor satanistene holdt til. Jeg fikk komme på luften og prate om dette, og gikk ut direkte med en kraftig advarsel til satanistene om det de holdt på med. Jeg hørte ikke noe fra denne satankirken som da var i Halden, men det kom i hvert fall klart og tydelig ut på radio, så alle kunne høre om det.

Kapittel 24

Enda flere vitnesbyrd fra verden rundt:

Til India via Sovjetunionen
Etter vellykkede dager med bibelsmugling til Moskva under Bresjnev og KGB`s styre, gikk veien til India. Vi landet i New Dehli, men fløy samme dag videre til Bombay (som nå heter Mombay.) Dette var min første tur av mange til dette fantastiske landet. Det var noe godt over nasjonen, samtidig som man opplevde at det var onde ånder som fulgte med en. I det ene templet jeg besøkte i Bombay, kom de demoniske kreftene sterkt over meg og strammet som et bånd rundt hodet mitt. Det ble strammere og strammere. Jeg kom meg ut av tempelet i full fart - og priste Herren for seier over de onde åndene - og det slapp taket. Satan var tydeligvis ikke glad for min inntreden i denne verden. Nå gikk veien videre med fly til Mangalore, lenger

syd i India. Her ble det mye møter, helbredelser og utfrielser. Helbredelsene startet da jeg inviterte syke til mitt hotellrom. Besøkene lot ikke vente på seg. Mennesker kom, ble frelst, løst og helbredet. Ryktene gikk og nye møter ble satt opp.

Den store slangen i oljefatet
En kristen indier kom på hotellet og spurte om jeg kunne bli med ham hjem. Han ville jeg skulle be for hans mor som hadde en stor kreftsvulst i magen. Jeg ankom sammen med denne broderen til et fattig område. Moren bodde i et falleferdig murhus med ett rom. Utenfor sto et tomt oljefat. Jeg la merke til det da jeg kom. Moren var liten og tynn og lå på en treplanke som da skulle være seng. Det var bare et gammelt pledd på planken. Kvinnen hadde store smerter, og jeg gikk rett på sak. Jeg la min hånd på hennes mave og befalte sykdomsånden å komme ut i Jesu navn. Sykdomsånden forlot kvinnen øyeblikkelig! Den store svulsten forsvant! Kvinnen sto opp og sa at alle smerter også var borte. Hun gikk ut og vasket seg og var så glad! Etterpå snakket vi og ba litt i sammen før vi sa farvel. Dette er fantastisk, utrolig og sant:
Da jeg forlot huset, så jeg på oljefatet igjen, men nå lå en stor slange på rundt
to meter der, en tykk stor slange. Jeg tenkte, var det hit sykdomsånden med kreft forsvant?

Da de demonbesatte samlet seg bak plattformen

Dette var første gangen jeg opplevde det (1977). Siden har det skjedd omtrent på alle møter over hele verden. Mens jeg sto og talte, merket jeg at noe skjedde bak meg. Der hadde de demonbesatte samlet seg. Jeg tok da et avbrekk i talen og pratet litt med de demonbesatte for å finne ut hvordan det lå an. Jeg ga noen instruksjoner, og befalte så demonene å komme ut i Jesu navn. Og de kom ut. Jeg fortsatte talen, og gjorde så alt som måtte gjøres i slutten av møtet, med forbønn for syke og bønn om utfrielse for plagede som ville gi sine liv til Jesus Kristus.

Forklaring

Demonbesatte og **bundne** av demoner, som det er absolutt mest av, samles alltid. De tiltrekkes av Den Hellige Ånd! Det er en underlig ting. Demonene kommer med trusler, men de kommer også med ros og skryt. De er veldig ofte helt forvirret, men prøver ved hjelp av frykt å få et overtak.

Husk, det er **vi** med **troen på Kristi kraft som har seieren - alltid!** Det er rart å se at ånd kaller på ånd, selv om den ene siden er Satan og de onde ånder. Vanndyp kaller på vanndyp (Salme 42,8).

To forskjellige typer heksedoktorer

Den ene typen er den som driver med urtemedisin og leser sine besvergelser over det. Det er hva jeg kaller «light-doktoren». Den andre typen er av litt tyngre kaliber. Det er dem som lever i naturreligionen hvor de tilber stokk og stein, bokstavelig talt. **Når de tilber, åpner de sitt indre menneske, sin ånd, for andre makter.** Og Satan og demonene introduserer seg selv for dem - og de blir besatt. Husk: Det er bare oss med **vårt viljeliv** som kan slippe noe inn i vår ånd! Vil vi ikke ha noe inn der, så kommer det ikke inn! Du bestemmer.

Besettelse, bundethet og undertrykkelse

Her snakker vi om **besettelse** (noe som setter seg) i menneskets ånd. Ikke **bundethet** i personlighet (sjelens område), hvor manipulasjon av tanker og følelser er. Heller ikke i området for undertrykkelse, som er angrep utenfra mot sjel/personlighet. En sykdomsånd er igjen en litt annen variant. Her er det snakk om en besettelse (infiltrasjon) av legemet fra yttersiden og inn.

Sitron med pinner i

Djeveltilbedende heksedoktorer har mange forbannelsesvarianter som tar livet av mennesker. Jeg nevner her en som viser vår suverenitet i Kristus Jesus. Han er den som har seiret for evig over Satan og de onde ånder. Paktens blod, Jesu dyre blod er vårt paktsblod, som viser den evige seier Kristus vant for dem som har Ham som Herre i sitt liv. Når heksedoktorer vil ha noen eliminert (drept), bruker de noen ganger denne metoden. De stikker 6 pinner inn i en sitron og legger den utenfor huset til den de vil drepe. Så leses det besvergelser over sitronen. Sitronen løfter seg fra bakken og begynner å sirkle rundt huset hvor offeret bor. Sitronen kan ikke gå inn i huset, den venter til offeret kommer ut. Da skyter den fart og dytter bort i vedkommende og personen faller død om. Dette har også vært forsøkt mot misjonærer. Sitronen har skutt fart mot misjonærene, truffet dem - og falt til bakken. Misjonærene merket ingen ting, bortsett fra at de så en sitron på bakken med pinner i! Det er **seier i Jesu Kristi blod** for oss, når Jesus er **vår Herre.**

Forklaring
Har man vandret i Herrens nærhet og tjeneste noen år, så blir man som Salmene sier det så flott: «Av barns og diebarns munn har Du grunnfestet en makt for Dine motstanderes skyld, for å stoppe munnen på fienden og den hevngjerrige». (Salme 8,3) Lever vi og **vet** at vi **lever i Herrens nærhet** og **tror** det så sterkt at vi **vet,** så blir det som sagt også beskrevet i våre liv.

Åndskampen er i gang (Morrogorro)

Da jeg ankom Morrogorro sent på kvelden 2 dager før møtekampanjen skulle holdes, kjente jeg at ved innkjøringen til byen på venstre side var det en åndelig aktivitet. Jeg sa til Terje, min medarbeider: "Sving inn her. Her er noe på gang." Dette var før vi hadde ankommet byen. Vi svingte av, bortover en humpete jordvei og kom rett inn på en gravplass. Det var helt svart ute, sent på kveld som det var. I Afrika er det som når noen slår av lysbryteren klokken 18. Vi gikk ut av bilen, og ble veldig overrasket over hva vi så.

Voodoo hadde et sterkt feste i denne byen og hadde kontroll, det hadde vi forstått. Plutselig, mens vi sto der, ble vi omringet av afrikanere. De dukket opp som fra intet. De ville angripe oss fysisk, men vi gikk rett imot dem. Da roet de seg ned og gikk til siden så vi kunne gå inn i bilen og kjøre videre. Jeg kjente det så sterkt, nå var kampen om byen i gang. Vi var klare. (Jeg skriver mer om voodooens marsj gjennom Afrika, fra Benin til Zanzibar, og videre til det Karibiske hav i Mellom-Amerika, i en annen bok).

Forklaring

" Og dess fastere har vi det profetiske ord, som dere gjør vel i å akte på som på et lys som skinner på et mørkt sted." (1 Pet 1,19)

Herren er med oss, men det betyr ikke at vi slipper unna alle vanskeligheter. Bibelen sier det så klart: «Den som vi følge Meg, SKAL bli forfulgt». Har vi ikke kommet til dette punktet av overgivelse i våre liv, får ikke Herren brukt oss som Han vil. Derimot kan vi lure oss selv hvis vi likevel møter på demoner. Da blir det dårskap i stedet for tro, og Satan kan komme inn på oss. Da kan vi bli **bundet** i stedet. Dette er det mange som har opplevd. Da blir livet en usunn kristen livsstil som ikke blir til Herrens ære. Full overgivelse til Kristus er nøkkelordet.

Vannflom
I Morrogorro sto 3 heksedoktorer på god avstand fra korstogsplassen. De hørte talen min til de 10 000 fremmøtte. En av mine medarbeidere gikk over til dem, og de ga ham en trussel som skulle overbringes meg. Det var: "Hvis den mannen ikke stopper å tale, vil vi la en flom komme over hele området, alle vil drukne i vann." Jeg fikk beskjeden og fortalte den til folkemassen. **Da ble det helt stille.** Byen var i kontroll av 7 heksedoktorer som bodde på fjellet bak oss. Dette viste Gud meg i et syn natten før møtet, så jeg var ikke overrasket. Jeg sa til folket: "Ja, det kommer en flom i kveld, men det

er en flom av Den Hellige Ånds kraft til frelse, helbredelse og utfrielse fra ondskapens åndehærer." Så gikk jeg inn i avslutning av møtet og **det brøt igjennom til full seier!** Alle ville ha amulettene og besvergelsene gjort maktesløse i sine liv, i familien og i sine hus.

Utdypning
Mange kristne har en sterk **teoretisk tro** på Herren, den faller i første sving når en konfrontasjon møtes. Jeg husker en kristen som absolutt ville reise til India på misjon. Jeg hadde allerede reist der i mange år, og mye angående mine reiser og opphold der var vel kjent. Vedkommende skulle da av gårde å forsøke det samme, men saken er - i Guds rike **prøver** vi ikke, vi **tror med overbevisning** i vårt hjerte. Vedkommende kom raskt hjem igjen fra India, og måtte på et lengre opphold på en psykiatrisk klinikk.

Bibelen sier: "Alt det som er født av Gud, overvinner verden - og dette er den seier som har overvunnet verden, **vår tro**." (1 Joh 5,4)

La det seirende livet bli født, vokse og komme til modenhet.

Hus rensing og brenning av amuletter
Jeg ble enig med de fremmøtte at vi skulle ha en" hus-til-hus-rensing." Alle hadde amuletter

fra heksedoktorer hengende over inngangsdøren. Jeg og teamet tok runder og renset opp, ba og fjernet og brant amuletter på bål - i Jesu Kristi navn. Et sterkt feste i åndens verden over byen var brutt. Folk over hele byen begynte selv å ta ned amulettene med besvergelser som de hadde over husdørene.

Utdypning
Det er ikke bare i den tredje verden man trenger å få renset husene for avgudsamuletter. Det er like mye i den vestlige verden, men av en litt annen karakter. Det er mange ting som kan binde oss, hindre oss, og det åpner døren for demoner. Det kan være såkalte «uskyldige» ting. Men at det ødelegger for våre liv, er helt klart at det gjør. Vi må forstå at der er en åndelig verden rundt oss hele tiden, som ønsker å komme i posisjon for å ødelegge oss.

Satan og demonene vet de har tapt, men gir seg ikke
De vet de har tapt, men gir seg ikke. De er som barn i trassalderen, som tror de kan gjøre det de vil, men vet de ikke kan. De sier "jeg vil, jeg vil, jeg vil." Men den går ikke, Jesus Kristus har seiret for oss. Hele åndeverdenen skjelver hver gang en gjenfødt troende av Kristus Jesus står frem i tro med Åndens kraft! Herren vil vi skal bli mer familiære med den åndelige verden. En ting er å ha **kunnskapen** om den. Men det er den

personlige kjennskapen, gjennom utfordring og overgivelse, som gjør at man med trygghet kan bruke de redskapene som Herren har gitt oss i Sitt skrevne Ord, Bibelen. Det er mange som **prater** om å ha både det ene og det andre, uten at det finnes noe hold i det de sier. Og det er dem som **Kristus er hele livet for,** og ingenting annet. Et liv ikke bare med **prat** om et overgitt liv, men med et **overgitt liv,** som andre vil se og forstå. Ord er billige, det er livet som må gis. Det tar lang trening og forståelse i bønnen for å komme til dette punktet, men det er mulig. Dette kan dere lese om i boken min «Be igjennom - bønn på dypet».

Kvinnen med spådomsånden på Likoni Island
Jeg var på vei ned til ferjen fra Likoni Island i Øst-Afrika, inn til Mombasa. En kvinne sto på en høyde litt unna og ropte igjen og igjen, alt hun orket: "Halleluja, halleluja, her kommer den høyeste Guds tjener." Jeg gikk bare videre, men det var en opplevelse å minnes. Dette var akkurat det samme som Paulus opplevde med spådomskvinnen i Filippi, Makedonia. Hun ropte etter Paulus:" Disse mennesker er den høyeste Guds tjenere, som forkynner dere frelsens vei." (Apg 16,16.17) Denne spådomskvinnen plaget Paulus i flere dager. Til slutt ble han lei og bød da ånden å komme ut, i Jesu Kristi navn. I mitt tilfelle så jeg ikke mer til kvinnen etter å ha gått

på ferjen, så det var ingen grunn til å gjøre noe i forhold til henne.

Forklaring

Jeg opplever ofte at demonene reagerer på meg i det daglige, men jeg kan ikke gå på og kaste ut demoner fordi om de reagerer. Det er bare slik det skal være i et normalt kristent liv.

Kapittel 25

Refleksjon

Jeg tenker at det har vært nødvendig etter alle år i tjeneste for Herren å skrive denne boken. Det har i løpet av disse år, blant folk som kaller seg kristne (på den fysiske scene i verden) dukket opp mange falske lærer og lærere. Åndelige utøvelser og opplevelser som ikke har noe med Herren å gjøre har jeg sett komme. Mange forskjellige slags «bønneøvelser» har kommet på banen under signaturen «åndelig krigføring».

Åndelig krigføring
Åndelig krigføring er **praktisk utøvelse av det skrevne Guds Ord, ute på slagmarken blant de unådde.** Det og ingenting annet. Som en troende har du ingen unnskyldning til ikke å sette i gang. «Jamenn, jammen...» Det er ikke noe «jammen». Enten går du selv ut med evangeliet, eller så er du med og finansierer for dem som reiser ut i tjenesten, resten av ditt liv.

Du skjønner, her er det bare å adlyde Herren. Ikke finne på alle mulige rariteter for å lure seg unna oppgavene. Løpe rundt i lokalet og krige i ånden ... Dette er ikke annet enn «meningsløs aktivitet», alle de forskjellige bønneaktiviteter jeg har nevnt.

Åndskampen og den åndelige krigføringen må utføres der hvor fienden er avslørt for våre fysiske sanser. Har du kunnskap, kjennskap og erfaring med mørkets makter, vil de gjenkjenne deg over alt hvor du dukker opp i verden. Du er en åndelig mobil trussel utsendt fra himmelens Gud, Jehova.

Det er kun en måte å lære åndelig krigføring på: Det er ved å være på slagmarken fysisk og delta i krigen i frontlinjen.

Bli en kriger for Kristus.

www.ingramcontent.com/pod-product-compliance
Lightning Source LLC
Chambersburg PA
CBHW060757050426
42449CB00008B/1428